犬の生活 Jリーグ日記

ジェフ千葉のある日常《シーズン》

西部謙司

A DOG'S J.LEAGUE LIFE

X-Knowledge

はじめに　サッカークラブのある日常

いつだったか、マルセイユへ行ったときのことです。カフェに入って、テーブルの上にノートを置いた。地元のクラブ、オランピック・マルセイユのロゴが付いたノートです。そしたら、注文を聞きに来たギャルソンがノートを見て「おお、俺のマルセイユ！」と反応したのです。「俺のクラブ、俺のノートだ！」と。いや、ノートは俺のだから（笑）。で、そのときに何だかすごく羨ましい気がしたのです。サッカーの仕事をずいぶんしてきたけど、「俺のクラブ」が自分にはないなと。

記者として避けてきたところはありました。ジャーナリストが公平公正だなんて全然思っていませんが、特定のチームに肩入れするのはマズイだろうと。ただ、サッカーファンとしてそれでは寂しいといいますか、公平を装うのも偽善的だなと思えてきたのです。ヨーロッパの記者は自分がどこのファンか、けっこうハッキリ言います。記者である前に、サッカーファンという場合がほとんどですからね。記者歴よりファン歴のほうが長いので当然そうなるわけです。仕事は仕事、感情はまた別ということで。まあ、実際には偏っている人もけっこういるわけですが、とくに支障なく仕事はしていました。なので、それでいいんじゃないかと。

私の場合はあとづけです。最初から意中の人がいたわけでなく、寂しいから彼女を作ったようなものでした。千葉市に住んでいたので地元のジェフユナイテッド市原のファンになることにしたのです。誰でもよかったというとナニですが、実際ジェフについてそんなに詳しいわけではありませんでしたし、とくに思い入れもありませんでした。

ほぼ同時に「犬の生活」というマッチレポートを中心とした連載をＷＥＢで始めています。それからおよそ20年が経過しました。

子供なら成人している年月ですね。その間、いろいろなことがありました。子供は親から離れていきますが、親にとって子供はいつまで経っても子供です。関係性はもちろん変わっていきますが、親のほうがある意味で子離れしないのでしょう。ジェフについても、疎遠になることはあってもファンであることを辞めるという選択肢はないような気がしています。

記者という立場のせいか、そんなに熱心なファンにはなれませんでした。その意味ではかなり醒めたファンという自覚はあります（笑）。試合はほぼ全部見ているので熱心といえばそうなのかもしれませんが、もはや惰性というか日常になってしまっているのです。

この「犬の生活日記」は、まさにダラダラした日常を記した日記といえます。さらに２０２０年は新型コロナウイルスのせいで、いっそうダラダラしてしまいました。しかし、日常があまりに波瀾万丈というのも大変そうです。凪のような日常こそ、日常というものかもしれません。サッカークラブとともにある日常です。

２０２０年がジェフにとってどんな1年だったかは、この本をご覧いただければ、およそ理解していただけるかと思います。また、「そういえば、こんなだったな」と思い出すきっかけにもなるかもしれません。皆さんのサッカークラブとともにある日常はどんなだったでしょうか。

CONTENTS

はじめに 2

1 2020 JAN. リセットの魔力 11

元旦 12 ／ いつもの1月2日 12 ／ 新体制発表 13

沖縄キャンプとゾーンディフェンス 20 ／ 守備の歴史 23

ユン・ジョンファン監督と松本育夫さん 28

2 2020 FEB. 悟りを開く 33

WHOが緊急事態宣言 34 ／ ちばぎんカップと日々是好日 35

イタリアンに開幕（第1節 1-0琉球） 38 ／ 北欧風のゾーン 41

Jリーグ延期 43 ／ 感染拡大の瀬戸際 45

3 2020 MAR. 妄想こそすべて 47

非常時にトイレットペーパー 48

妄想その1 アトレティコ・マドリーな未来 50

ジェフのプレースタイル変遷 57 ／ 妄想その2 FCポルトな未来 62

4 2020 APR. そもそも「ジェフ」って誰よ？ 67

緊急事態宣言 68 ／「ジェフ」って誰よ？ 69 ／ ネトフリ三昧 75

コロナ対応いろいろ 77 ／ ネトフリ三昧2 79

5 2020 MAY 堅守路線 83

緊急事態解除 84／フランス0-0デンマーク 85

日本2-2セネガル 86／ブラジル2-0メキシコ 87

ベルギー2-1ブラジル 88／国家安全法と香港 88

今期の戦力を再チェック 89

6 2020 JUN. 栄枯盛衰 95

Jリーグ再開! 96／あ、ないんだ（第2節 0-1大宮） 97

栄枯盛衰 99

7 2020 JUL. 塩加減 101

理想以上に理想的（第3節 3-0水戸） 102

ボールはセンターサークルにとどまるか?（第4節 0-1栃木） 104

期待の大型新人（第5節 2-0金沢） 106

川崎とヴェルディ（第6節 1-2東京ヴェルディ） 109

不屈（第7節 1-2甲府） 113／塩試合（第8節 0-0山形） 117

8 2020 AUG. 安田大サーカス閉店ガラガラ 121

勝てる勝負に負けるということ（第9節 1-2群馬） 122

偶然にみえる必然（第10節 2-0町田） 125

カテナチオ（第11節 3-0松本山雅） 129

安田大サーカス（第12節 2-1磐田） 133

翼を授ける（第13節 0-2長崎） 136 ／ 早すぎた閉店（第14節 1-2徳島） 140

バイエルンとエスナイデル（第15節 2-3北九州） 143

9 2020 SEP. 365歩のマッチアップ 147

ケア・テイカーの逆襲（第16節 2-2福岡） 148

相変わらず（第17節 0-2京都） 150

これはマズイ（第18節 1-3新潟） 152

リセットできました（第19節 2-0愛媛） 155

差別はあるよ、普通に（第20節 2-1岡山） 158

量と質（第21節 1-2山口） 160 ／相性しだい（第22節 1-0琉球） 161

低いところでの安定（第23節 0-0京都） 162

10 2020 OCT. 忘れる力 165

相性が悪い（第24節 0-1群馬） 166 ／ 振り返らないほうがいい（第25節 1-5水戸） 167

保健所とスコアレスドロー（第26節 0-0大宮） 169

鬼滅とスコアレスドロー（第27節 0-0町田） 170

ナイスゲーム（第28節 2-0金沢） 172

フワッとしてたらダメだよね（第29節 0-1福岡） 173

11 2020 NOV. もう寝るランド 177

僅差負け（第30節 2-3岡山） 178 ／珍しい失点（第31節 1-1愛媛） 180

もう寝るわ（第32節 1-5山形） 182 ／ベテランの貫禄（第33節 3-2松本） 183

ブラジル弾二発（第34節 2-0新潟） 185

同じことの繰り返し（第35節 0-1長崎） 187

クレーベ、2ゴール（第36節 2-1山口） 188 ／遠藤保仁（第37節 1-2磐田） 188

12 2020 DEC. 最高でも最低でもない1年 193

まずいんじゃないの?（第38節 1-1東京ヴェルディ） 194

ウノゼロ（第39節 1-0甲府） 198 ／ようやくの安定（第40節 0-0徳島） 200

いやー（第41節 0-1栃木） 203 ／ラストゲーム（第42節 2-1北九州） 205

おわりに 210

- イラストレーション -
西部謙司

- ブックデザイン -
albireo

- 編集 -
森哲也

- 印刷 -
シナノ書籍印刷

1

2020 JANUARY

リセットの魔力

元旦

天皇杯決勝が新しい国立競技場で行われた。周辺もけっこう変わっていてホテルも建っていた。スタジアムは旧国立の雰囲気も残していて、2階3階は傾斜もついていて悪くない。陸上トラックがなければ文句なしだけど、陸上競技場だからね。ヴィッセル神戸が初優勝。

大晦日からニュースのメインはカルロス・ゴーンの逃亡劇。楽器ケースに隠れて逃亡とか面白すぎる。フィリップ・トルシエ、ヴァイッド・ハリルホジッチもそうだったが、フランス系は主張するときのテンションが独特。「ラインオンを食べた人」というらしい。

いつもの1月2日

昨年の1月2日に何をしていたのか、まったく覚えがない。その点、今年の1月2日も同じであるらしい。

午前3時、緊急地震速報が鳴って起こされる。例によって携帯がぐわんぐわん鳴って、身構えてみたがピクリとも揺れない。

新体制発表

6日、ジェフユナイテッド千葉の新体制発表がユナイテッド・パークで行われた。

社長が代わり、監督が代わり、新しい選手たちが来る。そうでなくても新体制発表には期待しかない。1年間で一番期待感が高まる行事といえる。そう、サッカーに「過去」はないからだ。昨年がどんなに惨憺たるありさまであろうと、スタートは横一線、きれいにリセットされる。

正月という風習には昔から馴染めなかった。

大晦日に紅白歌合戦を見て、年越しそばを食う、除夜の鐘がゴーンとなって新しい年が来る。その雰囲気は子供のころから好きだったが、それはたんに休みだったということとのほうが大きい。

新年を迎えると、何もかもリセットされたような気分になる。爽快だ。ただ、気分だけである。実際には何もリセットなどされていない。12月31日と1月1日の間に紅白歌合戦と年越しそばと鐘があるだけだ。大晦日から元日になったからといって何かが変わるわけではない、というか何も変わらない。

大人になると正月はますますどうでもよくなった。そもそも正月は休みですらなくなっていた。サッカー雑誌の編集部にいたころは元旦の天皇杯決勝に続き、翌日からは高校選手権。普通に仕事なのだ。正月だけでなく、誕生日もクリスマスもまったくどうでもよくなっている。20〜30年も生きていれば何の期待も抱かなくなる、それが普通だと思っていた。

サッカーは違う。1年経つと、昨年のことはほぼ「なかったこと」になっている。昨年の王者が今年も優勝すると決まっているわけではない。去年の最下位が、今年も最下位から始めるわけでもない。すべてが横一線、過去は文字どおり過ぎ去った時間にすぎなくなるのだ。

まあ、それも新しいシーズンが開幕するまでの間だが。始まってしまえば、否応なく「未来」が見えてくる。それが明るい未来ならいいけれども、そうでもないほうが圧倒的に多い。ああ、今年もダメかなどと思いつつ、シーズンをやりすごしていく。なのに、年が明けると性懲りもなく期待感しかない。新入団選手はだれもかれも頼もしく、輝かしい未来を切り拓いてくれるように見えてしまう。監督が新しければなおさらだ。新体制発表は、過去とも未来とも切り離された心地よいひとときである。

ただ、本当は「リセット」してはいけないのだと、我々ジェフ党はよくわかっている。大事なのはリセットより継続なのだと。

でも、やはりリセットの魔力には太刀打ちできないのだ。「今年は違うぞ」と、なぜか年が改まっただけでそう思ってしまう。変わるわけがないと骨身にしみているはずなのに、どうしてこうなってしまうのか。正月や誕生日の幻想から覚めるのに十数年かかったように、それぐらいの年月が必要なのかもしれない。だが、私もかれこれ20年ぐらい「犬の生活」というWEB連載を続けてきているのに、新体制発表には毎回うっかり騙されている。もう、これはそういうものなのだろう。

イランのソレイマニという司令官が米軍に殺害されたというニュースが流れていた。

大川隆法はさっそくソレイマニのイタコをやったそうだ。仕事が早い。逃亡中のカルロス・ゴーンもやったと聞いた。まだ生きている人でもイタコするのか。

ジェフ千葉の新体制発表はクラブハウスの2階で行われた。森本航社長の挨拶からスタート。

「昨季は17位とご心配をおかけしました」

いきなりお詫びから始まった。今年からの新社長なので昨年の責任はない。JR東日本でホテルビジネスをやっていたそうだ。

「感動と感激を分かち合う仕事ということでは、サッカーもまったく同じだと思う」

「（ホテル業で）培ったノウハウを生かしたい」

「精一杯、汗をかくことを約束します」

はい、よろしくお願いします。着任されたばかりで具体的にまだ何もないということは何となくわかりました。

「目標はJ1昇格」

お、それを言うか。

「リアリティはないかもしれないが、プロとして掲げるべき目標と考える」

なるほど。しかし、新社長には本当に申し訳ないのだが、正直これでは変わらない。御本人もおっしゃっているように「リアリティがない」のだ。17位のチームは昇格よりも降格のほうがはるかに近い。ここから昇格するのは、ある種、奇跡に近い。できれば昇格したいぐらいのことでは奇跡など起こせない。もうこれは、誰かに「昇格」と言わされているか、ほかに言うべきことがないか、現状認識が著しくずれているか、そのいずれかなのだと思わざるを得ない。毎年裏切られ続けている我々の認知の歪みであるなら幸いだが。

本来、クラブの社長がファンに向かって昇格を公約にするのは無理な話だと思っている。なぜならサッカーは常に相手があるからだ。必ず優勝するとか昇格するという宣言は、不遜な態度ではないかとすら考えている。「勝利のために全力を尽くす」というのがせいぜいだろう。チームをデザインする立場の監督あたりなら、もう少し具体的な約束はできる。「こういうプレーをお見せしたい」までは言える。ただ、それで勝てるかどうかまでは約束できないし、たぶんすべきではない。よっぽどのチームならまたべつかもしれないが。

もちろん昇格できないと決まっているわけではない。そこはすべてリセットのサッカー界だ。可能性はどのチームにもある。ただ、個人的に順位を目標に掲げるのはあまり趣味がいいとは思えない。プロとしてせっかく何かを掲げるのであれば、もう少しべつのことがあるのではないかとは毎回思うところではある。

社長に続いて、高橋悠太GM、ユン・ジョンファン新監督の挨拶。高橋GMは「勝って成長する組織へ」と抱負を語り、ユン監督は「新加入選手と既存選手の調和を図りたい」と述べた。

ジェフ千葉にとって、2020年はまさにリセットのシーズンになる。

昨年、3年目を迎えていたファン・エスナイデル監督が早々に解任され、江尻篤彦コーチが監督に昇格して指揮を執った。江尻監督は二度目だが、どちらも前監督の解任にともなう就任で、言い方は悪いが残務処理的なイメージはぬぐえない。江尻監督の時期も含め、エスナイデル体制が3年間あった。そしてユン新監督が迎えられたわけだが、エスナイデルとユンでは目指すサッカーが真逆といっていいぐらい違うのだ。文字通りのリセットにならざるをえない。

ところが、サッカークラブは監督に合わせて選手を全部入れ替えるというわけにはいかない。いや、ジェフはかつて実際にそれをやったことがあるのだが、まあ普通はそういうことにはならない（汗）。新戦力の補強もあるが、既存戦力も残っている。だからユン監督が「調和を図りたい」と言っていたのはよくわかる。

大きな問題は、これまでとこれからのサッカーが違いすぎるだろうということだ。エスナイデルはいってみれば超攻撃型、ユンは堅実で守備型と予想される。エスナイデルのサッカーをやるために集められた選手たちが、はたしてユンのサッカーに合うものなのかどうか。プロ選手といえども万能ではない。得手不得手がある。ユン監督の構想に合わせて補強した新戦力はともかく、エスナイデル用の選手たちが都合よくフィットするとは考えにくい。

つまり、できることなら全部取り替えたいところを、妥協してやっていくわけだ。もう最初から今年最大の懸念材料が見えてしまった。極端にリセットするからこういうことになるわけだが、リセットしたくなる気持ちもよくわかる。

早くも未来に暗雲が見えてしまった気もしたが、それでも新体制発表は期待のほうが上回るから不思議だ。少なくとも今日1日ぐらいは、明るい未来だけを夢想したいのだ。それが許される特別な1日なのだから。

沖縄キャンプとゾーンディフェンス

中国の武漢が都市封鎖したらしい。新型コロナウイルスが流行している。イランは米軍基地にミサイルを撃ち込んで80人死亡と発表も、米軍側は死者ゼロとのこと。形だけの報復でカタがつくなら、それでいいんじゃないかな。

ジェフ千葉は恒例の沖縄キャンプ。5日間だけ沖縄へ行くことにした。といっても、ジェフの練習を見られるのは1日だけ。あと練習試合を1試合という予定になった。この際なので、いろいろなチームを節操なく見て回るというスケジュールを立てたわけだ。

沖縄には毎年Jクラブがたくさん来ている。プロ野球のチームも来る。ちなみに野球のキャンプも覗いたことがあるが、サッカーとは比較にならない規模のイベントだった。球場周辺には露店が立ち並び、ちょっとしたフェス状態なのだ。2軍の練習ですらサッカーより人が来ていた。このあたりはキャンプ文化の年季の違いか、競技特性の違いなのかはよくわからない。

ジェフの練習試合の相手は浦和レッズ。互いにレギュラーとおぼしきメンバーの1、2本目で、なんと1－0で勝ってしまった。キャンプの練習試合とはいえ、J1のクラブに勝てたのは見に来た甲斐があったというもの。しかも内容的にかなり仕上がっているではないか。

フォーメーションは4－4－2、先発は下記のとおり。

GK　新井章太
DF　米倉恒貴、新井一耀、チャン・ミンギュ、安田理大
MF　田坂祐介、田口泰士、熊谷アンドリュー、堀米勇輝
FW　クレーベ、船山貴之

どう仕上がっているかというと、ゾーンディフェンスがちゃんとできていた。

ゾーンディフェンスなんて、プロだから当たり前だろうと思われるだろうが、これまでのジェフはちゃんとできたことがなかったのである。いちおう、それっぽくはやってきたけれども、全体がどういうときにどこにポジションをとり、どう対応するかという規則性とか連動性というものがなかった。「そんなバカな」と思うだろうし、私もそう思うのだが、実際にそうとしか言いようがないのだ。

まだJ1のときに、アレックス・ミラー監督下でゾーンディフェンスに着手したぐらいで、その後の監督は主に攻撃に注力していた。緻密な守備組織を構築するための練習自体、見た記憶がない。やっていたのかもしれないが、試合を見る限りやはりほぼやっていなかったんじゃないかと思う。

もちろんゾーンディフェンスにもいろいろあるわけだが、これほど統制のとれた守備はジェフでは初めてだろう。ユン・ジョンファン監督、いい仕事をしているじゃないか。

とはいえ、この練習試合でジェフが見せていたのはゾーンディフェンスのイロハのイともいうべきもので、見た目は全員がベタ引きの、いわゆる「バスを置く」というやつだ。さすがにあんなに守備を固められたら、浦和といえどもそう簡単に点はとれない。

全体がかなり守備的な設計になっているのは間違いなかった。例えば、自陣でのFKは徹底して相手ゴール前へロングボールを蹴りこむ。ゴールキックもすべてロングボール。自陣からのビルドアップもほぼなし。とにかく自陣でボールを奪われるリスクを避けるという狙いがはっきりしていた。

守備も積極的にボールを奪いに行くというより、フィールドプレーヤー10人が一団となって引いて守る。下手に奪いに行ってかわされて穴を開けられるリスクを回避しているので、さながら籠城戦の様相だった。

しかし、キャンプ段階なのでこれで十分だ。チームとしての方針は出ていた。これをベースに積み上げていけばいい。というより、こんなにちゃんと守れるジェフをはじめて見たことに感動すら覚えていた。

守備の歴史

1993年にJリーグが開幕したときから、ジェフは参戦している。いわゆるオリジナル10だ。ところが、優勝は1回もない。全盛期はイビチャ・オシムが監督に就任した2003年から、息子でコーチだったアマル・オシム監督に引き継がれた2007年までだろう。リーグの優勝争いに絡み、リーグカップを連覇（2005、06年）した。

クラブの戦術的な個性というのは、そのクラブの成功体験から引き継がれていくことが多い。

第一に、成功にはそれだけの理由があるわけで、良かったことを変える必要がない。

第二に、成功したチームの選手はほとんど引き続きプレーするだろうし、とくに中心選手は同じだから、その選手を軸とした戦い方は変わらない。第三には、成功体験のあるファンはそのプレースタイルを支持している。以上の理由で、クラブの個性は成功体験によって作られていく傾向がある。

ところが、ジェフの場合はオシム監督時代のプレースタイルを引き継がなかった。イビチャ→アマルまでの継続はあり、アマル→ヨジップ・クゼまでは東欧監督路線という意味では辛うじてつながっているが、その後に来たアレックス・ミラーがまったく違うタイプだった。なぜそうなってしまったのかの話は省くが、ジェフは成功体験を引き継げなかったという経緯がある。

継承できなかった理由の1つとして、イビチャ・オシム監督のプレースタイルが独特だったため、本人以外では誰も同じレベルをキープできなかったということがある。

オシム方式の守備はマンツーマンだった。当時でも守備はゾーンディフェンスがほとんどで、マンツーマンなど1970年代から掘り起こしてきた化石のような戦術と思われていたものだ。ところが、このマンツーマン戦法がけっこうハマった。マンツーマンなら、相手を捕まえ切った時点でフィールドのどこでもパスの受け手にプレッシャーがかかる。ゾーンである程度引き込んで守るよりも、かえって強度の高い守備になっていた。当時のJ1では、パスワークの上手さで定評のあるチームでもジェフのマンツーマンマークを受けると、簡単にメッキが剝がれていた。マンツーマンなので1人かわせばチャンスは開けるのだが、近接したマークをかわせなかった。

マンマークによってボールの奪取地点は比較的高くなり、ショートカウンターのチャンスが増える。相手は攻撃に出ようとしてボールを失っているので守備が整っていない。この反転速攻はオシム期のトレードマークになっていた。

オシム監督は「リスクを冒せ」と言っている。1人かわされればピンチになるマンツーマン自体がすでにリスクなのだが、さらにボールを奪ったらマークしていた相手を置き去りにして攻撃に出ろと言っていたわけだ。ただし、リスクはコントロールされていなければならず、いつ何時でも攻撃に出るのは無謀でしかない。リスクはリスクであると承知したうえで、それを「冒せ」というのがオシム流だった。

オシム監督の志向したサッカーは、ロスタイムの攻防を拡大したものに近い。どちらかのチームが1点リードしている状況で、終盤やロスタイムに攻め合いになることがよくある。負けているほうは残り少ない時間で点をとらなければならないから、リスク覚悟で攻撃に出る。すると、リードしているほうもボールを奪えばカウンターのチャンスが開けているのでとりあえず攻める、するとまた片方にもカウンターのチャンスがあり……というふうに突如として攻め合いになるわけだ。90分間の決定機が3回ぐらいだったのに、ロスタイムで5回の決定機が生じたりもする。

オシム方式は、いわばこのロスタイム状態をキックオフから仕掛けていく。ただ、その中で優位性を持てるようにハイテンポの展開やリスクの計算を訓練して、打ち合いの中でもアドバンテージを得るようにしていた。

このスタイルは格上を食うのに向いている。しかも、守りに守ってのカウンター一発ではなく、相手を自分たちのペースに巻き込んで破壊するスタイルなので、スペクタクルでもあった。マルセロ・ビエルサは同種の戦術を用いていて、アタランタを躍進させたジャン＝ピエロ・ガスペリーニもそうだが、この手の監督は希少だ。簡単にいえば、相当な手腕がないと実現が難しいからである。

オシム方式を継続できなかった最も大きな理由は、イビチャ・オシムでなければ無理だということだった。

アマル・オシム監督のとき、ジェフはすでに対戦相手に警戒されて引かれるようになっていて、引いて守備を固めた相手をいかに攻略するかという別の課題に向き合う中で、攻撃に力を入れていた。そのためにマンツーマン守備の強度が少し下がった。さらに次のクゼ監督に至っては、中心選手の移籍もあってオシム方式は崩壊。後任には真逆のタイプであるミラー監督を招聘、ここでオシム方式の継続は完全に断たれたといっていい。

ミラー監督は現代的なゾーンディフェンスの信奉者で、無失点の「クリーンシート」を重視していた。「リスクを冒せ」のオシムとは対極だ。ミラーはシーズン途中からチームを立て直して奇跡的な残留に成功したが、翌年には成績不振で解任。江尻篤彦監督に交代したがＪ２降格となった。

ゾーンディフェンスを学ぶとしたらミラー監督が転機になるはずだったが、江尻監督は攻撃的なプレースタイルを導入。その後は監督によって濃淡はあるが、ミラーのような守備のオーガナイズを重視する監督はおらず、２０１７年にはファン・エスナイデル監督の下、攻撃に全フリしたようなスタイルに帰着した。

２０２０年のユン・ジョンファン監督は、アレックス・ミラー以来の久々の守備型だ。Ｊ２に降格してから初めて守備にメスを入れたということになる。はっきりいって守備を軽視してきたジェフの歴史では異色といっていいだろう。

攻撃型だろうが守備型だろうが、まともな守備ができないというのは長年の大問題だった。その点ではユン監督の下、守備のオーガナイズが導入されたのは良いことだと思う。ただ、ジェフは守備の文化が根付いていないクラブだ。これを出発点として継続するのか、それとも例のごとくご破算にしてしまうのかはわからない。だが、基本的な守備のロジックが導入されたのは、どちらに転んでもたぶん無駄にはならないはずで、それだけでもまずはめでたい。

ユン・ジョンファン監督と松本育夫さん

南城陸上競技場にジェフのトレーニングを見に行った。

那覇から車で40分くらい南へ下った南城市は、ここ数年ジェフのキャンプ地として定着している。周囲にはこれといって何もなくて、取材の空き時間に観光をするところもとくにない。奥武島という橋を渡ったところに浮かんでいる小さな島で「もずくそば」

を食べて、ネコがわんさかいる店で「てんぷら」を買い食いするくらい。

練習を見に行ったら、松本育夫さんがいた。

松本さんは日本リーグ設立当時に優勝した東洋工業のFWとして活躍し、銅メダルを獲得したメキシコ五輪では日本代表のウイングとしてプレー。指導者としては1979年に日本で開催されたワールドユース（現在のU-20ワールドカップ）で日本代表監督を務めたほか、Jリーグの川崎フロンターレ、サガン鳥栖、栃木SCを率いた。川崎では社長もやっていたし、京都パープルサンガのGM、栃木では取締役と、現場とフロントの両方を歴任した人物だ。

ワールドユース監督のときは、熱血指導で数々の逸話を残している。当時最年少選手だった風間八宏さんは「地球を何周したかと思うほど走った」と振り返っていた。

地球といえば、長野県の地球環境高校という通信制の高校を率いて、7カ月で高校選手権に出場させたこともあった。当時はいわゆる不良の吹き溜まりみたいな学校で、ボールを蹴ったこともない選手もいる中、半年あまりで全国大会はまるで漫画の話みたいだ。

そんなカリスマ的指導者でサッカー界の豪傑である松本さんだが、とても親しみやすく、我々のような若輩者にも分け隔てなく接してくれる。70歳を超えてもなお快男児の面影を残し、野球の長嶋茂雄に似たボケの数々もかましくれる。つい、気軽に話しかけてしまうのだが、偉いのに偉そうなところが全くない。あるときJ1の試合で記者席の近くにいらっしゃったので挨拶にうかがったら、いつもどおりにこやかに話をされていたが、どうも私が誰だかわかっていないようだった。何度も取材で会っていたのに、お忘れになったのかなとそのときは思っていたが、南城ではちゃんと私が誰だかわかっているようだった。

ジェフとはあまり縁のないはずの松本さん、なんでわざわざ練習を見に来ているのだろうと思ったが、ユン・ジョンファンに監督の道を拓いたのは松本さんなのだ。

「ユンを鳥栖の監督にしようと思ったのだけど、まだS級ライセンスの取得が終わっていなかったの。それで私が監督としてつないで、ユンのライセンスが下りてから正式に指揮を執ってもらうことにした」

松本さんによると、

「ユンはチームに合った指導ができます。外国人の監督は自分の流儀を押し付けてくる人が多いけど、日本ではそれだとあまり上手くいきません。クラマーやオシムが上手くいったのも日本人に合ったサッカーを指導したからですよ」

鳥栖のユン・ジョンファン監督といえば、「地獄の3部練習」とか、厳しく鍛える熱血指導のイメージだ。ただ、Jリーグでプレーしていたときの印象は技巧派のクレバーなMF。そのギャップについて聞くと、

「現役時代からよくイエローカードをもらっていましたよ。すごく負けん気が強かった」

そうなんだ。松本さんがそう言うなら間違いない。キャンプでも選手たちに勝負を意識させていて、あらゆることに勝敗をはっきりさせていると聞いた。勝負にこだわっていくのはプロの基本だから、そこを忘れないように競争させていくという狙いなのだろう。

ユン監督は人当りも柔らかく、日本語を話しているときはちょっとカワイイ感じすらあるのだが、内面はかなり厳しいところがありそうだ。

2

2020 FEBRUARY

悟りを開く

ＷＨＯが緊急事態宣言

先月末、ＷＨＯが緊急事態宣言を発した。新型コロナウイルス感染者が世界で８０００人を超え、ＳＡＲＳより多くなったのを受けての宣言とか。少し前までは「まだ大丈夫」みたいなことを言っていたのが急に変わった。

米国政府は中国からの入国を拒否。日本は湖北省に限定して拒否するらしい。観光客は止めたくないということかな。ＷＨＯは「いたずらに人の往来を妨げるべきではない」と、いったいどっちやねん！　とツッコミたくなるな。

新横浜に停泊しているクルーズ船、ダイヤモンド・プリンセス号で61人の感染者が出ている。３７００人も乗っているのか。小さな町だね。

ちばぎんカップと日々是好日

なぜか「世界三大カップ」の異名をとる「ちばぎんカップ」。２０２０年は2月9日、ジェフユナイテッド千葉のホームであるフクダ電子アリーナで開催された。

柏レイソルとのプレシーズンマッチは恒例、第1回は１９９５年に遡る。柏のＪＦＬからＪリーグへの昇格が決まり、当時のジェフのホームスタジアムだった市原臨海競技場で行われている。ピエール・リトバルスキの引退試合を兼ねていた。以来、ほぼ毎年開催され、ジェフの9勝16敗。1回だけ２０１５年に柏が辞退して開催されていない。ＡＣＬに参戦して過密日程だったためだが、うらやましい話である。

さて、試合のほうは０－２の完敗。昨季は同じＪ2にいた柏だが、はっきり言って相当に差があった。

江坂任のパスからオルンガに決められて０－１、これが7分。11分にはサイドからクリスティアーノにドリブルで持ち込まれ、狭いところをぶち抜かれて０－２。あとはテキトーに流されて終わった感じ。

噂のオルンガはモノが違う印象。デカくて速くて上手い。J2にいた昨季は、そんなに凄いとも思わなかったが、最終節の京都サンガ戦では1試合8ゴールというJリーグ記録を樹立していた。夏ごろから確変したらしい。オルンガにアシストした江坂も見事だった。両足を自在に使えるので、「ここ」という瞬間を逃さない。

ジェフについては、まあこんなものだろうという感想になる。

沖縄キャンプの浦和レッズとの練習試合では、「やりたいこと」が明確だった。ただ、「やれること」とはまだイコールではない。柏はJ1でもそこそこやるはずで、昨季J2にいたのが間違っていたチームだ。仕上がりも違う。J2にこのレベルはないので、完敗自体はそんなに心配しなくていい。

前半に2点リードした柏が流していたとはいえ、千葉は引いてスペースを埋める守備がまあまあできていた。

「相手は4－1－4－1と理解していた。しかし、相手への対応よりも我々が今までやってきたことができるのか見てみたかった」

と、ユン・ジョンファン監督。4－4－2のブロックで引いているので、そんなに相手に振り回されることはないはず、ということだろう。実際はけっこう混乱もしていたが、相手が強引に攻めてこなかったので後半は0－0だった。ただ、ボールは奪えなかった。

ブロックを前に移動するプレスがない。まだ、待ち受けのミドルプレスしか用意できていない感じ。従って、ほとんど攻撃もできなかった。奪う位置がもっと高くならないと厳しい。ただ、いっぺんに何もかもというわけにはいかない。

クラブチームを応援するときは、「見守る」姿勢が大切であると考える。暖かく見守っていくべきだ、という意味ではない。そうしないと、こちらがもたないからだ。どうせ思うようになどならない。たまーに、思った以上のことをやってくれて「おおっ！」と思うぐらいで、だいたいは全然思うようになどならない。もちろん「思う」のは簡単で、「やる」のは数万倍難しいし時間もかかる。チームが成長するには時間がかかるのだ。人の成長に時間がかかるように、人がやっている以上チームも時間が必要である。

つまり、期待しつつも期待しすぎてはいけない。いけないわけではないが、それだと必ず疲れてしまう。だからクラブチームのファンを続けていくのは、もう根気しかないと思っている。「こうなるといいなあ」と妄想を広げつつも、そうならない諦めも抱きながら、それでも日々の成長や変化に一喜一憂していくしかない。その日のことを、その日なりに楽しんでいくこと。日々是好日。サッカークラブを応援するのは、ある種の悟りに近づく行為かもしれない。

イタリアンに開幕（第1節　1－0琉球）

テレビのニュースはこのところずっと新型コロナウイルス。横浜にはダイヤモンド・プリンセス号が停泊したまま。ちなみに風間八宏さんは、数カ月前にこの客船に乗船していたらしい。冗談で「客船解説者できるよ」と言っていた。日本での感染拡大も時間の問題らしい。ワイドショーでは1週間後には12万人が感染する可能性もあるとか。最初は武漢ガーみたいな話だったが、あっというまに世界へ拡大している。そんな中、2020年Jリーグが開幕した。

ジェフはホームでFC琉球と対戦。結果は1－0、チバナチオあるいはジェフナチオとでもいうべき、イタリアンな試合だった。

45秒で米倉恒貴が先制した後は、ほとんど守りっぱなし。62分から5－4－1でさらに守備を厚くしてクリーンシートを達成。まあ、守備が完璧だったかというとそうでもない部分もあるが、ゼロに抑えたのは自信になるだろう。

琉球はパスワークが上手く、けっこうバイタルへスパスパと入れてきていたが、その次の崩しがあまりできなかった。ジェフは、「大丈夫か？」と思えるぐらいボールホルダーをフリーにしていたのだが、ああいう守り方は日本ではけっこう珍しい。スウェーデンぽい。それでいいのかどうかはわからない（笑）。

ジェフは準備してきた4－4－2でスタート。米倉のポジションをSBからMFに上げ、右SBにはゲリアだった。この変更は予想どおり。沖縄キャンプの時点で米倉はSBだったが、ユン・ジョンファン監督からかなり絞られていたらしいのだ。ミーティングは米倉専用講座となっていたとか。米倉は走力があって、スピードのあるクロスボールを蹴る。一時はSBとして日本代表にも選出されていた。ちなみに米倉はもともとMFで、SBにコンバートされたのはジェフ時代である。その後、ジェフでの活躍が認められてガンバ大阪に「個人昇格」した。

ただ、右SBとして開花したとはいえ特徴は攻撃力だ。攻め上がるので仕方ないとはいえ、米倉の上がった後のスペースをどうカバーするかはジェフ時代の懸案事項で、個人的に「ヨネ裏問題」と呼んでいたぐらいだ。ユン監督が来て、もっぱら守備のSBとして起用してみると、ポジショニングなどでいろいろ課題が出てきたわけだ。SBでブレイクしたとはいえ、ちょっと特殊な経緯があり、守備の部分では安定感がなかったのだろう。

開始45秒でコンバートの効果が出た。田口泰士が上手く左へ流したボールを堀米勇輝がゴール中央へ、川又堅碁の背後にいた米倉がヘディングでゲット。堀米のクロスボールの精度が高く、川又がいたことで米倉のマークが外れていた。ゴール前の修羅場へ踏み込んでいける米倉の良さが出ていた。

ただ、この試合はほとんど守りっぱなし。ハイプレスはほとんどやらず、相手を引き込んで密度の高い守備ブロックで迎撃という流れ。千葉の決定機は堀米のクロスをクレーベが合わせたほかは、31分にGKのミスをついて米倉が無人のゴールへ放ったロングシュートを李栄直にクリアされたものぐらい。後半はゼロだった。

北欧風のゾーン

ジェフの守り方は典型的な4－4－2のブロック。2トップがもう少し早く守備に入る必要があるとは思ったが、開幕に関してはまずまずやれていたのではないか。

相手のボールホルダーにはあまりプレッシャーをかけない。無闇にボールへ行ってスペースを空けたくないのだ。日本の指導者は、まずボールホルダーへプレッシャーをかけて余裕を持たせるなという指導をする人が多いが、それよりもスペースをきちんと埋めて、そこへパスを入れてきたら潰すというのが今季のジェフのやり方だ。スウェーデンとかアイスランドはこういう感じだが日本では珍しい。

国民性なのだろうか。日本では相手にボールを持たせることを不安に思う指導者が多いように思う。

それともグループで守る感覚が身についていないのか。とにかくガツガツ食いついていく守備が称賛されがちに感じるのだが、北欧系は守備のルールが徹底していて、そのルールの合理性を選手たちが信用している守り方になっている。どっしりと守る。単純に体が大きいのでチョコマカ動くのが苦手ということもあるかもしれないが。

ミゲル・アンヘル・ロティーナ監督のセレッソ大阪も北欧系だ。監督はスペイン人だからスペイン風かもしれないが、どっしり構えて慌てずに守るという点で、和風ゾーンディフェンスとは趣が違う。同じ４－４－２の守備でも、考え方が違えば違う風味になるわけで、ジェフが北欧系にみえたということは、ユン監督の考え方がちゃんと浸透していた証と考えていい。

ただ、あまりにもＤＦとＭＦの「間」にパスが入っていたので、大丈夫かこれ？という感じはあった。ＣＢが早めに前に出るなど対応したほうがよさそうだ。しかし、これも日本のチームの「あるある」なんだが、琉球は「間」にパスを入れても何も起こせなかった。間へボールを入れることが目的化していて、その先がない感じ。

ジェフの守り方だと大外は空く。そこからのハイクロスは跳ね返せばいいというのがスウェーデンなど高身長国の考え方だ。千葉も新井一燿、チャン・ミンギュを中心に跳ね返せていた。ハイクロスはどうしても入ってくるので、しっかり迎撃できるかどうかは今後もポイントになりそうである。

Jリーグ延期

来日予定だった南アフリカU－23代表が来なくなってしまった。新型コロナウイルスは徐々に拡大、というかたぶん相当広まっているはず。これはJリーグの続行も怪しい。東京五輪も無理なんじゃなかろうか。マスクが品薄になってきた。

と、思っていたら、日本政府は「感染拡大の瀬戸際」といきなり言い出したではないか。すると、午後にはJリーグが3月15日までの延期を発表。しかし、これといった対策もないのだから3月で収束するとはちょっと考えにくい。

東日本大震災のときもJリーグの延期はあったが、1節とんだだけだった。ただ、今回は感染症の問題だから相当長引くだろう。下手すると今季はなくなるかもしれないな。

日本政府の感染症対策はここまで明らかに後手だ。

ダイヤモンド・プリンセス号のヘルプで船内に入った医者がSNSにあげた写真が問題になっていた。通路を「清潔エリア」と「不潔エリア」に区切っている様子なのだが、区切っているものがほぼロープ1本なのだ。これはかなり話題になって、「清潔・不潔という呼称はどうなんだ」とか、「この医者は守秘義務違反じゃないか」とか、いろいろ的外れな意見が出ていたわけだが、ちょっと驚いたのが政府からこんなコメントが出ていたことだ。

「適正に処置している」

いや、あのね、医者が見て不適切だと判断したから写真を公開したんだよね。それが一番の問題なわけだ。これ、言っている人に医学的知識があるとは思えないのに、科学的にどう正しいのか明らかに知らないまま「適正」と言い切っちゃってる。これはまずいんじゃないかと思った。この件がどうこうではなく、感染症対策という極めて専門的科学的な領域なのに、政府の都合でものを言っているのがまずい。

そもそも政府の「適正に処置」みたいな発言というのはけっこう威圧的だ。「ちゃんとやってるから素人は黙っていろ」みたいに聞こえる。これをJリーグの監督会見でやったらどうなるのか。

「監督、失点が止まらないのですが対策は?」

「適正に処置するつもりだ」

「XX選手のケガの状態は?」

「適正に処置している」

「今日、システムを変えましたがなぜですか？」

「適正に処置した結果です」

嫌だ。こんな会見出たくねえ。政治記者はよく頑張っているね。というか、よく我慢しているな。まあ、我慢なんかしてちゃダメだと思うけど。

感染拡大の瀬戸際

映画「ジョーカー」をアマゾン・プライムで観る。暗いカタルシスの作品。思ったより話に奥行きがないのは原作が漫画だからか。全世界的な課題である「格差」に警告を発している内容だが、ちょっとシンプルすぎる。期待外れ。

HBOのドラマ「トゥルー・ディテクティブ」は面白かった。大人が観るドラマだ。最初の数話のかったるさを我慢すると、途中から一気に加速していく。これは個人的にかなりの傑作だと思ったよ。ファーストシーズンだけね。セカンドシーズンはダメそうなので観てない。

政府の感染対策が出たが、「熱があったら家にいてね」みたいな感じだった。無症状でも感染するんだよね？　熱が出たら普通に家にいると思うよ。瀬戸際感はないかなと思っていたら、公立学校が休校に。急にやる気出してきたが方向性が違う気はする。

3

2020 MARCH

妄想こそすべて

非常時にトイレットペーパー

スーパーにトイレットペーパーを買いに行くと、本当に品切れ状態になっていた。品薄になりそうだと聞いて、「まさか」と思って行ってみたら本当にない。いちおう買えたが1人1個。あっという間に売り切れ。私と同じような人がいっぱい来ていたのかもしれない。しかし、新型コロナウイルスでマスクが品切れになるのはわかるが、なんでトイレットペーパー？

小学生のころに石油ショックがあった。あのときも真っ先に品薄になったのがトイレットペーパーだ。人はパニックになるとトイレットペーパーが心配になるらしい。便所紙などクソの役にも…というかソレの役にしか立たんわけだが、ない場面を想像すると確かにパニックになるかもしれんな。紙がない！　というパニックを回避するためにパニックになるのか。

WHOがパンデミックを宣言。やっと出したかという感想だが、安倍晋三首相は「五輪は完全な形で実施」と言い出した。「完全な形」で開催するのは現状からして困難だろうから、これは中止または延期というセンが濃厚なのかもしれない。

と思っていたら、なんと田嶋幸三JFA会長がコロナ感染というニュースが。まさかの有名人第1号。こんな状態なのでJリーグも止まったままだ。

さて、こうなったときにサッカーファンはどうすべきか。

これはもう「妄想」にかぎる。というか、健全なファンというものは常に妄想を切らさない。贔屓チームの名場面などを思い出しつつ、「あのときは、あんなだったなぁ」などと、当時の自分にあった出来事もあわせて思い出し、甘美な、または切ない思い出にしばし浸るのだ。懐かしのメロディーを口ずさむのと似ているかもしれない。

ただ、過去の思い出ばかりでは少々後ろ向きなので、未来を妄想してみるという手もある。

というわけで、とりあえず開幕戦を勝利したまま止まっているジェフの未来を妄想してみよう。

妄想その1　アトレティコ・マドリーな未来

ユン・ジョンファン監督はアトレティコ・マドリーをけっこう意識しているという話も聞く。確かに志向しているスタイルは似ているのかもしれない。

首都のクラブであるアトレティコはスペインの老舗だが、同じ街のレアル・マドリー、カタルーニャのバルセロナと比べると格下感は否めなかった。現在のように実力のみならず財政面でもレアル、バルサと肩を並べるぐらいまでになったのは、ディエゴ・シメオネ監督が就任した２０１１年以降である。

シメオネ監督が導入したのは強固なゾーンディフェンスをベースとした堅守のプレースタイルだった。攻撃型のレアル、バルサとは違う路線を採ったのが正解だったといえる。

ゾーンディフェンスは現代サッカーの標準装備となっているが、きっかけは１９８０年代後半のＡＣミランだ。

ミラン式のゾーンはラインコントロールとコンパクトがセットになっていて、これが普及していった90年代は「時間とスペースを奪う守備」とよく言われていたものだ。その後、高すぎるディフェンスラインのリスクを軽減するために、初期のころよりラインは下がり、同時にプレッシングの強度も弱まってほぼ現在の形に落ち着いている。アトレティコはミラン式の流れにあるわけだが、シメオネの母国であるアルゼンチンの味付けも入っている。

アルゼンチンの伝統的な守備は「イタリア」だ。マンツーマンでがっちり付いてリベロがカバーする。アルゼンチン人はよく肉を食べている。それと関係があるかは知らないが、プレーの雰囲気は肉食系だ。芝生も深いのでフィジカルコンタクトも頻発する。そうした激しさがベースにある。これもアトレティコには入っている。

アトレティコの守備戦術は三段階に分けられる。①ハイプレス②ミドルプレス③ロープレス。まあ、これだけだと普通だが、そこにアルゼンチン風味が入っている。主力は②と③。ハイプレスもやるけれども、わりと諦めが早め。リスクを冒してもハイプレスで奪いきってしまえというところはあまりない。このへんがまずアルゼンチン的で大元のイタリア的でもある。安全第一。

ハイプレスで奪いきってしまうには、対人守備の強度とラインアップが必須だ。アルゼンチン方式は対人の強さに定評はあるものの、ハイラインのリスクを嫌う（某エス将は別）。「FW1人にDF3人いて、一発で置き去りにされるのは納得できん」みたいな感覚なんでしょう。アトレティコもハイプレスはするが、後ろがあまりついてこないので、一発目二発目のプレスで仕留められないときは深追いせず、さっと引いてミドルプレスに移行する。さらに、ミドルプレスでも上手くはまらないときは安易に飛び込まず、ロープレスに移行。ただし、相手を射程距離に置いたときは激しい。強引に奪いに行くし、そのときはあっという間に囲んでしまう。

つまり、行くときと待つときのメリハリはアトレティコの特徴で、ハイプレス、ミドルプレス、ロープレスの切り替えと連動が明確だ。10人が一体の生き物のように動く。画期的だったのは、10人のブロック守備を確立したことだろう。

従来の4－4－2では、4－4の8人ブロックという考え方だった。FWも守備はするが、自分の背後へボールが出たら守備の任務は終わりという感じ。そこへアトレティコは、もう1つFWの守備の仕事を追加している。自分の背後へボールが出ても、さらに自陣へ戻ってMFとの関係性を保つのだ。ブロックは4－4ではなく、4－4－2のままキープする。ちょっとした変化ではあるけれども、このアトレティコ方式は、世界的に全滅しかかっていた4－4－2を復活させた。

ユン監督下のジェフは、まさに10人ブロックという方式で、その点ではアトレティコ方式である。シメオネがこれを導入してから10年近く経っているので、アトレティコというより改訂版4－4－2の基本といったほうがいいのだろうが、ちゃんとやればとりあえず守備力のほうは強化されるだろう。問題はどうやって攻めるかだ。

アトレティコはバルサやレアルほどではなくても、スペインのビッグクラブなので選手の技術レベルは高い。ただし守備の構造上、ボールを奪う位置が低くなることが多いので攻撃が難しい。パスワークの技術もあり、ワンタッチパスでのプレス回避はかなり練れていて、プレスを外しきってしまえばカウンターのチャンスにはなる。問題は相手に引かれてしまうケースだった。

アトレティコの守備の強度、カウンターの鋭さを考えると、むしろアトレティコにボールを持たせてしまったほうがいいのではないか。そう考えるチームが増えていったのだ。堅守速攻でバルサ、レアルと肩を並べるところまで来たのはいいが、それで警戒されることも多くなった。もともと堅守速攻向きの人材を揃えていて、ポゼッション向きではない。自分たちのやりたいサッカーを相手にされて、取りこぼしが多くなっていった。

ジェフがアトレティコ路線を行くと仮定すると、いずれは直面する問題だと思う。シメオネ監督は主に2つの攻撃増強策を講じた。1つは敵陣での封鎖。もう1つはシステム変更。まだ守備も固まり切っていないジェフが、相手に引かれる心配をするのもナニではあるが、妄想のついでである。

アトレティコはポゼッション志向のチームではないので、スペースを消されるとなかなか点をとれなくなった。そこで、シメオネ監督が試みたのが「敵陣封鎖」だ。何かというと、守備の強さをそのまま攻撃に転用しようという作戦である。

攻撃のときにあえてサイドチェンジはせず、同じサイドを執拗に攻める。敵陣の一方のサイドにFW、SH、SB、さらにボランチも寄ってきて、狭いスペースに4人ぐらいが固まっていく。その他の選手もボールサイドにポジションをとり、フィールドの半分にほとんどの選手が集まっていくような感じ。かつてJリーグでも大木武監督の率いたヴァンフォーレ甲府や京都サンガで「クローズ」と呼ばれた、よく似たプレースタイルがあった。アトレティコはそのクローズ戦法だ。

狭い場所に人数を投入して攻めるのは、実はあまり効率的ではない。当然、敵も集まってくるからだ。スペースがなくなって攻撃しにくくなる。そこを突破したときは、敵味方がサイドに集まっているぶん中央にスペースがあり、クロスボールをシュートする局面まで持っていけば優位性は出るとはいえ、そうなる回数は限られている。では、シメオネ監督はどうしてわざわざ攻めにくい狭小攻撃を試みたのか。

狙いは、むしろ敵陣での守備だったと思う。

相手にしてみれば密集したサイドを守るのは難しくない。アトレティコは狭い場所でのパスワークに長けているとはいえ、それでもほとんどはボールを失う。ただ、相手はボールを奪ってもアトレティコの選手が複数ボールの近くにいるので、カウンターがなかなかできない。奪っても、すぐにアトレティコに奪い返されてしまう。すると、今度は攻めに出かかっていたぶん守備は綻びやすい。

つまり、アトレティコの狙いは狭いスペースで攻めることで、ボールを失った後のハイプレスの効果を上げることだったといえる。狭いところでワイワイやっているうちに、守備の強さとテクニックでアトレティコに優位性が出てくるという変わった戦法だった。

アトレティコのストロングポイントは守備力。その守備力を敵陣で発揮することで、攻撃に結びつけようとしたわけだ。

ただ、この狭小戦法はいつのまにかやめてしまった。

敵陣封鎖による攻撃力アップは面白いアイデアなのだが、結局のところ効果はイマイチだった。わざわざ狭い場所を攻略しようというアイデア自体に少し無理があったのかもしれない。失敗というわけでもなく、相変わらずアトレティコは強さを維持していたけれども、引かれたときの解決策として決定版には至らなかった。

狭小攻撃作戦は1シーズンほどで終了し、普通に攻撃して得点力を高めるために、より攻撃的なフォーメーションを試していく。

ASモナコからルマルを獲得するなど、テクニックのある攻撃型の選手を補強。ただ、これも目覚ましい効果があったとはいえなかった。基調はあくまで堅守速攻、点をとらなければならないときのオプションとしての攻撃的システムにとどまっている。とはいえ、国内リーグでは大半格下相手なので、普通に攻撃力を増強したのは理にかなっているところもあり、堅守速攻ベースながら戦い方に幅を持たせたのは悪い選択ではない。それで堅守に陰りが見えるのではまずいけれども、そういう事態にもならなかった。抜本的な解決策とはいえないが、レアルやバルサが取りこぼせば優勝争いになる。この位置を確保しただけでも大成功といっていい。

堅固な守備を戦術の土台に据えたのは、アトレティコにとって良い選択だった。リーガ・エスパニョーラはレアルとバルサがクラブの規模、財政、戦力の面で図抜けていた。アトレティコもそれに次ぐビッグクラブではあるが、レアルやバルサと同じようなサッカーでは劣化コピーになってしまい勝ち目は薄い。二強とは違う戦術、二強の攻撃力を抑える戦い方を選択したので、三強時代の幕を開けることができた。補強の点でも、二強との獲得競争をある程度回避できるので、チーム作りも上手くいった。

ジェフに関しても、堅守速攻型は長い目でみれば合理的な選択かもしれない。

ジェフのプレースタイル変遷

ご存じのようにジェフユナイテッド市原（千葉）は、Jリーグ発足時の10チームの1つだ。いわゆる「オリジナル10」。当時はリトバルスキがビッグネームだった。どのチームにも凄いネームバリューの選手がいて、欧州からは「年金リーグ」なんて言われていた。

Jリーグ開幕時のプレースタイルがどんなだったかというと…正直よく覚えていな

い（笑）。当時、はっきりしたスタイルを持っていたクラブはヴェルディ川崎と横浜マリノスぐらいだったんじゃないかな。サンフレッチェ広島もあったか。

まあ、プレースタイルどうこうというより、ガンガン縦に蹴って攻撃するというアドレナリン全開の試合が多かった。キックオフから「あと1分しかない！」みたいなサッカー。力入りすぎでしたね、今思えば。

ジェフの前身は名門・古河電工サッカー部。ACLの前身にあたる大会でアジアチャンピオンになったこともある。岡田武史さんが現役のころだ。そのときは堅守のチームという印象だったが、その前の永井良和さんや奥寺康彦さんのころは、縦に早い攻撃サッカーだった記憶がある。

Jが始まってからは、読売クラブ出身の祖母井秀隆さんが強化担当だったせいか、「パスをつなぐサッカー」という大まかな流れはあったが、チームカラーをはっきり打ち出せたのはイビチャ・オシム監督のときだ。

オシム監督時代のプレースタイルについては、もう皆さんご存じだと思うので詳細は省く。いわゆる「優勝請負人」というタイプの監督がいるが、オシム監督はそうではなくて「幸福請負人」。今ならビエルサやガスペリーニのタイプだろう。

戦力十分のビッグクラブへ赴いて予定どおり優勝させるのではなくて、ちょっと戦力的に足らないチーム、いまひとつ戦績が上がらなくてファンのストレスが溜まっているチーム、そういうところを率いて短期間に結果を出して皆を幸せにする。結果だけでなく、見ていて楽しい、応援して誇らしい、そういうチームを作るスペシャリストだ。

アマル・オシム監督に引き継がれてからも、マンツーマンの守備と反転速攻というベースは同じ。よりテクニカルになった感はあったが、基本的には同じスタイルだった。ピエルサやガスペリーニのチームもそうだが、中位ぐらいから一気に上位へ駆け上がる過程で、マンマークによる守備強度の高さと運動量はけっこうポイントである。誤解を承知でいえば、運動量さえあれば何とかなる守備戦術で、機能すると敵陣でボールを奪えるのでカウンターが効く。守備を攻撃に直結させやすい。

とくにボールを保持したがる上位チームほどカモにできるので、強い相手に強い。これは応援のしがいがある。強豪相手に引きこもるのではなく、堂々と打ち合って勝てたりするからだ。

ただし、相手に警戒されて引かれはじめると、次のフェーズに移る。今度は強者の立場で勝つプレーが求められる。アマル監督のときは、ちょうどそういう過渡期で上手く乗り切れなかった。

プレースタイルに大きな転換があったのは、アレックス・ミラー監督のとき。「カテナチオの何が悪い」と明言していたぐらいで、とにかくまず守備、英国風ゾーンディフェンス。1年目は奇跡の残留を果たしたが、2年目で降格。それまでの流れからすると、あまりにも目指すサッカーに違いがあった。

J2に降格してからは、江尻篤彦監督がオシム時代への回帰的なスタイルを標榜する。その後も、だいたい攻撃重視の流れだったが、ファン・エスナイデル監督という、また極端に攻撃に振り切る人が来て、その反省から現在のユン・ジョンファン監督に至っている。守備重視の監督はミラーさん以来。ジェフの歴史からすると珍しいタイプだ。

私は長い目でみればアリだと思っている。

守備型のスタイルはJリーグではあまり人気がない。現場の監督さんもあまりやりたがらない。いろいろ理由はあるのだが、1つには発展性がないからだ。

守備で頑張れば降格は免れるけれども、右肩上がりに強くはならない。選手もやっていて面白くない。だからこう言うと何だが、分不相応でも攻撃型に舵を切りたがる指導者は多い。もちろん勝負の世界なので、それではヤバイという状況になったら方針転換するし、そういう例はたくさんあるわけだが、最初から守備的に行こうというチームはわりと少ない。

では、なぜ守備型がアリだと思うのかというと、ジェフの場合はスポンサーが太いから。

これは期待半分だが、Ｊ１に昇格したら補強費はそれなりに出してくれるのではないかと。予算の小さいクラブなら、昇格後のことを考えても攻撃力を上げたほうがいいと思う。時間はかかるかもしれないけれど、それがないとエレベータークラブになってしまう。攻撃を捨てなかった２０１９年の大分トリニータは成功例だろう。

守備型の課題はいうまでもなく攻撃力、得点力になる。しかし、そこは外国籍選手などの補強で解決できる可能性がある。むしろ守備に問題があったらＪ１では生き残れない。「堅守」を作るのは、攻撃力の構築より時間もお金もかからない。堅守ベースで昇格しても普通は攻撃力を上乗せできないのだが、補強資金があれば「人」で補える。つまり、堅守型のチーム作りは上を目指すチームにとっては本来あまりお勧めはできないが、補強資金のあるクラブなら話は別ではないかということだ。

昇格したときに本当に予算がドーンと増えるかどうかはわかりません（笑）。ただ、それが可能という前提でいえば、ジェフはJ2の中で特殊なクラブである。地道に攻撃力を磨いていくより、即効性のある守備から始めて（まあ、それもそれなりの時間はかかるが）、昇格と同時に攻撃のテコ入れをすればいいという考え方はアリかなと思うのだ。

妄想その2　FCポルトな未来

がっちり守ってカウンターを仕掛ける。カウンターに威力があれば、これでけっこうイケる。昇格できたらアタッカーに大型補強する、ラウタロとルカクをインテルから引っこ抜く（無理か！）。まあ、そんなにビッグネームじゃなくても凄いFWはいるだろう。お金さえ出せれば。

でも、そんなスーパーなアタッカーを補強できなかったときにどうするのか。JRが意外とシブチンだったときのことも考えておかないといけない。FWで「違い」を出せないと、このスタイルには発展性がない。少し違う道を探る必要が出てくる。

別のモデルとして考えられそうなのは、2003－04シーズンのUEFAチャンピオンズリーグで優勝したFCポルトあたりだろうか。ジョゼ・モウリーニョ監督の名が世界に広まった、あのポルトだ。

あのときのFCポルトは基本的に堅守のチームである。ただ、速攻型ではない。「堅守遅攻」だった。堅守速攻ではなくて遅攻。

もちろん速攻もやるけれども、堅守に遅攻を組み合わせたところが独特で、だからCLを獲れたのではないかと思う。ポルトガルのチームは伝統的にテクニックがある。ブラジル人もけっこういる。しかし、そんな中でFCポルトは堅実なサッカーを伝統としてきた。堅実な守備と技巧を組み合わせたのが、モウリーニョが作った03－04のチームだ。

GKにポルトガル代表のビットール・バイア。CBがリカルド・カルバーリョとジョルジュ・コスタ。右にパウロ・フェイラ、左にヌノ・バレンテ。ほら、堅実。これにアンカーのコスチーニャが加わる。この人はほぼ守備専門。

中盤の構成はダイヤモンド型で、トップ下にお馴染みデコ。左右にマニシェとペドロ・

メンデスまたはアレニチェフ。マニシェはポルトガル代表でも活躍した中盤のダイナモだった。今、この4－3－1－2をやるチームは少ないのだが、03－04の時点でも、もう珍しいほうだったと思う。

2トップはベニー・マッカシーとデルレイ。南アフリカ代表のマッカーシーはモウリーニョ監督のお気に入りで万能型のストライカーだが、CLのレベルでスーパーというほどではない。デルレイはさらに地味。ASモナコとの決勝では、たまたまブラジル人のカルロス・アウベルトが絶好調だったこともあって3－0で勝っているが、そんなに得点力があるFW陣ではない。この3－0もシュート3本だった。堅守＋スーパータレントという構成ではなかった。

守備は非常にコンパクト、けっこうハイラインでオフサイドトラップもやっていた。4バックの息が合っていて、ぎりぎりに見えるけどちゃんと守れる。コスチーニャがディフェンスラインの前に常駐なので、バイタルで相手がフリーにならない。マニシェは運動量が凄かったので守備に穴を開けない。プレッシャーがかかるからラインを高く保てるのか、ラインが高いからプレスが途切れないのか、というニワトリとタマゴみたいな関係。

で、攻撃はカウンターというよりポゼッションが決め手だった。ポゼッションで点がとれるというわけではない。カウンターでとれなきゃ、普通ポゼッションしてもとれません。じゃあ、なんでポゼッションなのかというと、1つはそれがポルトガル人に向いているということ。パスをつなぐのは上手い。でも、それで得点できないなら意味ない。モウリーニョはたぶん試合をコントロールするためにポゼッションしていたと思う。

モウリーニョはFCポルトの監督で大ブレイクしたが、その前にはバルセロナでルイ・ファン・ハール監督のアシスタントだった。「通訳」と呼ばれたりもしていたが、実質的にはファン・ハールと二人三脚的な役割を果たしている。バルサ的なスタイルは熟知していて、それをFCポルトにアレンジしたのだろう。パス回しやコンパクトなプレッシングはバルサのベースだ。

ただ、FCポルトにはロナウドもリバウドもいない。今風に言えばメッシのいないバルサみたいなもの。モウリーニョはマッカーシーに期待していたみたいだが、無理なもんは無理。でも、ボールを保持することで試合のリズムは作れていた。

相手の攻勢を断ち切れる、押し込んでリズムを変えられる、点はとれなくても押し込めるのでプレスは効きやすい。勝ちに近い位置を占めながら試合ができる。つまり、FCポルトは「負けにくい」スタイルだった。そんなに勝てないけど、ほぼ負けない。CLで負けたのはグループリーグのレアル・マドリー戦だけだった。

派手さはない。マワシとって動かない相撲みたい。決まり手は寄り切りばっかり。柔道なら寝技ばっかり。ボクシングなら判定勝ちばっかり。ノックアウトパンチがない。そのかわりボールを支配することで相手に攻撃させない、そういうスタイルだった。そのためには簡単にロストしてはダメなのでポゼッション重視。そんなに点がとれないのは、まあしょうがない。堅守遅攻、あんまりないスタイルですが1つのモデルではある。

2020 APRIL

4 そもそも「ジェフ」って誰よ？

緊急事態宣言

テレビは朝から晩までコロナのニュースになっている。日本政府は各家庭に「布マスク2枚」を配布するらしい。エイプリルフールかな？　布マスク2枚という焼け石に水感がハンパないのだが、これは何かのウケを狙っているのだろうか。「和牛券」も笑ったが。でも、布マスクなら和牛券のほうがよかったよ。

7日、緊急事態宣言が出た。

Jリーグの再開も「白紙」になった。まあ、緊急事態でサッカーやったらそのほうがおかしい。人の動きを8割止めないといけないらしい。死者45万人という話も急に出てきた。こういうネガティブな予測も専門家の知見なのだから「そういうものか」と受け止めるほかないわけだ。というか、もっと以前からもろもろわかっていたんじゃないだろうか。

会社員のときに、先輩から「悪いニュースは早く」と教わったのを思い出した。皆が見たくない聞きたくない情報ほど早くオープンにすること。切羽詰まってからでは手遅れになるからだが、我々はどうも都合のよくない現実は見たがらない。戦争のときも「アメリカに勝てるわけねーだろ」と思っている人は多かったのに、ちゃんと言わなかったし、言えなかったのだろう。

日本で緊急事態宣言が出た翌日、中国の武漢の封鎖が２カ月ぶりに解除になった。武漢はまさに都市封鎖だったが、日本の場合はあくまで自粛要請なので効果のほどはわからない。

そんな中、安倍首相の自宅での様子を投稿した動画が話題に。星野源の「うちで踊ろう」に乗っかったわけだが、犬を抱っこしたり紅茶をすすっているだけで、歌も踊りもなく、これ以上ないほどヤル気のない顔つき。なんだこれ？（笑）

「ジェフ」って誰よ？

試合がない、練習もない。というわけで、ジェフユナイテッドというクラブのこれまでをいろいろと振り返ってみたい。

ジェフユナイテッド市原、はじめてこの名称を知ったときに思ったのは、

「ジェフって、誰よ？」

アイドル歌手の松田聖子の彼氏の名前がこんなだったような気がするが、まさかそこからきているとは考えられず、かといって他に「ジェフ」という名前に心当たりもない。誰なの？

１９９３年の開幕へ向けて、Ｊリーグ各クラブのチーム名が発表されていった。ＪＦＬ時代の企業スポーツからの脱却と地域密着の精神から、地域名＋愛称というのがＪリーグの方針だ。ちなみに開幕時の10チームの名称は次のとおり。

鹿島アントラーズ

浦和レッドダイヤモンズ

ジェフユナイテッド市原

横浜フリューゲルス

横浜マリノス

ヴェルディ川崎

清水エスパルス
名古屋グランパスエイト
ガンバ大阪
サンフレッチェ広島

広告代理店が張り切りすぎたのか、ダブル・ミーニング、トリプル・ミーニングのややこしい愛称が目立っていた。

鹿島のアントラーズは鹿だね。鹿島神社の神鹿にちなんでいるとか。アントラーズは枝角の意味らしい。これはかなりシンプル。親会社の住友金属、まったく出てきていない。何とかメタルとかにしなかった。合格。

浦和レッドダイヤモンズ。しっかりダイヤモンド（菱形）は入っております。三菱の菱ね。

横浜はマリノスとフリューゲルス。マリノスは船乗りかな。港町・横浜のイメージ。フリューゲルは翼、ＡＮＡの関連でしょう。でも、そんなに違和感はない。

ポルトガル語のヴェルデ（緑）を変形させたヴェルディはユニフォームの色なので、

これもシンプルだ。ユニフォームの色が緑なのは、松木安太郎さんがフランスのサンテチエンヌのユニを見て真似しただけという話は内緒にしておこう。

清水エスパルス。これ、わからなかった。清水と静岡の「エス（S）」に心臓の鼓動の「パルス」なのだが、ちょっと意味がわかりにくい。

名古屋グランパスエイトのグランパスは鯱。名古屋城のシャチホコか。じゃあエイトは何かというと名古屋市の市章。あと末広がりの八。トヨタのトの字も入れなかったのは偉い気がする。マスコットのシャチがかわいい。

ガンバはイタリア語の「脚」と日本語の「頑張る」を重ねています。ダブル・ミーニングの小技が炸裂。

サンフレッチェとは何かと外国人に聞かれたときは困った。「三本の矢だ」と答えたまではよかったが、「何で矢が3本なの？」と聞かれ……。

「えーっと、昔サムライの時代に有名なモーリさんという大将がいまして、ある日、3人の息子を呼んで1本ずつ矢を渡し……」

とまあ、説明したが、話が長くてよくわからなかったみたいだった。説明している自分がむなしい。そもそもフレッチェ（矢）がイタリア語なのに、サン（3）は日本語だからね。商標登録で「スリーアローズ」が使えなかったのでこうなったそうな。かなり強引というか無茶や（笑）。

で、ジェフユナイテッド。これいちおう公募で決まっている。でも、ジェフは謎だった。ユナイテッドは連合の意味だが、ジェフって誰、というか何？

少し考えて「あーそういうことか」と。JR EASTとFURUKAWAの連合なのだと。しかしこれ、川淵三郎チェアマンがよくOKしたものだ。企業名入れるなと言われているのにモロじゃないの。Jリーグを挑発しているとしか思えん。川淵さん、古河の出身ということで査定が甘くなったのか。まさか見抜けなかったとも思えない。

ともあれ、当初は奇妙に思えた名前でも年月が経てば違和感はなくなってくるもの。ただ、「名は体を表す」というが、このチーム名がジェフの現在を暗示していた気がしないでもない。

JR東日本と古河電工の連合は、名前からして企業依存体質を引きずっていた。地域密着は、秋津をホームスタジアムにするつもりが周辺住民の反対で頓挫して市原の臨海になっている。にもかかわらず、練習場はしばらく舞浜だった。ディズニーランドのある舞浜である。もし、ホームスタジアムが秋津だったら、ジェフ秋津とかジェフ津田沼だったのだろうか。それとも練習場のあるジェフ舞浜？　あるいは周辺一帯を盛り込んでジェフ京葉か。何となく最初からスッキリいかない印象だった。

Jクラブの社長はスポンサー企業から来ていた。現在でもそういうクラブは多いわけだが、基本的には任期を無事にすごせばいいという感じ。サッカーに詳しい方も全然知らない方もいた。当初はプロチームを運営するのも初めて。最初はJリーグ・ブーム、バブルだった。週2試合だったし、プレースタイルも何もない。キックオフからロスタイムみたいな攻撃をするチームもけっこうあった。そのうちにブームが去り、経営も厳しくなっていくに従ってクラブとしてのあり方とか個性が問われるようになっていった。

横一線でスタートしたJ開幕時と違い、現在はクラブによって予算規模も違うし、それぞれのカラーがはっきりしてきた。赤字を出さなければいいという経営から、どういうクラブなのかをファンに積極的にアピールしなければならない流れになっている。ジェフユナイテッドはチーム名にすぎないが、考えてみると開幕時点で他のクラブから一歩遅れたところからスタートしていた感がある。企業名は入れないという大方針に対して、何だかまだ企業スポーツ時代を引きずっているネーミングなわけで。

ドイツのRBライプツィヒと似ている。RBが「レッドブル」なのは明白だが、ブンデスリーガの規約で親会社の名前は入れられない。そこでRasen Ballsort(芝生球技)の略だというアクロバットな(姑息な)説明でねじ込んだ。オーストリアのほうは堂々のレッドブル・ザルツグルクとなっている。ただ、RBライプツィヒは一周回って新しいかもしれないので、ジェフもそうなのかもしれない(いや、たぶん違う)。

ネトフリ三昧

米国Netflixが過去最高益を記録とか。そりゃあ、皆家にいるからね。ご多分に漏れず、我が家もネトフリ使用率が増加中だ。一時期話題になっていた「ワンス・アポン・ア・タイム・イン・アメリカ」を観る。多幸感とラストのカタルシスはあったが、なんだか薄い映画だった。こりゃ、アカデミー賞で「パラサイト」に勝てないはずだ。「パラサイト」観てないけど。

その前年にアカデミー作品賞を受賞した「ムーンライト」も観た。「ラ・ラ・ランド」

を制して獲った作品。ゲイの黒人の少年期、青春期、成年期に段落分けしていて、人種差別、麻薬、貧困、ＬＧＢＴと、ひととおり詰め込んでいるが圧迫感はない。月光で黒人は青く輝く——というメタファーが美しい。ただ、すごく地味。「ラ・ラ・ランド」のほうがアカデミー賞ぽくないか？　授賞式でも最初、間違えられていたけど。

「恋は雨上がりのように」

小松菜奈と清野菜名が天王洲あたりを走るシーンがあるのだが、２人の女優さんが完璧にアスリートだった。軽くジョグするだけなんだが、本物感がすごい。シュワシュワした清涼感の青春映画。

「渇き」

これも小松菜奈、主演は役所広司かな。けっこうな役者が出てた。えぐってくる作品。韓国映画と似たエグさだが、これはひたすらエグい。韓国映画にある優しさがほぼ見えない。登場人物が全員壊れている。面白いけど、テレビ放映はできんな（笑）。

「アルキメデス大戦」

戦艦大和の建造をめぐっての2人の理系天才の攻防がスリリング。実労部隊は超優秀なのに、上がボンクラすぎるという構図は日本の宿命なんだろうか。フィクションだけれど、現状これに近いんじゃないかな。理念も論理も正義も、上が不正義と不正を加えることでねじ曲がっていく。コロナ禍の今みると、けっこう空恐ろしいものがある。

コロナ対応いろいろ

女優の岡江久美子さんがコロナ感染で急死。ガン治療していて免疫力が低下していたらしい。なんですぐにPCR検査して入院させなかったのかと疑問の声も。「熱が出ても4日ガマン」と言われていたからね。そしたら、コロナ対策本部だかの医者が「4日ガマンしてくださいという意味ではなかった」と言い出したので、えーっ!? となった。いや、4日ぐらい様子見てから医者行けと、そう言っていたよね。というか、そう思っていた人は多いと思う。

ボルシア・ドルトムントが、ホームスタジアムを医療センターとして提供するという。北側の4階が医療センターになるらしい。「大きな待合室があり、ソーシャル・ディスタンスをとれる。登録エリアもあり、これ以上の条件はない」と、ヴァッケCEOが話している。スタジアムは災害時の避難場所にもなるし、戦時中は軍の倉庫としても活用されていたために、マンチェスター・ユナイテッドのオールド・トラフォードは爆撃されたこともある。他にもスタジアムの爆撃例があって、以前なんでだろうと思っていたが、サッカー以外にも意外と用途が広いのだと知った。

ベルギーとフランスはリーグ戦未消化のまま終了を決定。プレミアリーグはやる気らしいが、もしこのまま終了ならテレビ放映権料の賠償金が1041億円、スポンサーへの賠償金などを加えると1513億円の損失が出るという。そりゃ、やるしかないわけだ。

3密、ステイ・ホーム、ソーシャル・ディスタンス、ロックダウンと、コロナ関連でいろいろな言葉が出てきたが、「ウィズ・コロナ」は嫌だ。言いたいことはわからないではないが、何でコロナと共存していかなきゃいけないの。

ネトフリ三昧2

「ある戦争」
デンマークの映画。戦争の日常を描くドキュメンタリー風作品かなと思ったら、途中から戦争犯罪がテーマに。敵に囲まれて銃撃され、部下が重傷を負う。敵の攻撃地点を特定できれば、味方に爆撃要請ができるのだが、どこから撃ってきているのかがわからない。ぎりぎりの状況で隊長は空爆を要請、重傷の部下も助かる。しかし、帰国後に隊長は裁判にかけられる。空爆で民間人が多数死んでいた。隊長、裁判で追い込まれるが、部下の偽証で無罪になるという話。

空爆要請しなければ、部下の命は助からなかった。部隊が全滅していたかもしれない。ああなったら、もう仕方ないだろうと思った。ただ、空爆したことで民間人が殺された。この責任がどこにあるのか。裁判が公正に行われていれば隊長の責任になったわけだが、それではスケープゴートなわけで。その点、敵の場所がわかったと偽証した部下はファインプレーだったと思う。

結局、誰に責任があったかといえば戦争にGO出した政権以外にありえない。昔の戦争映画はヒーローを描いたが、最近はそうではない。非人間的な面がどうしても浮き彫りにされるので戦争映画は全部反戦映画になるわけだ。

「ブランカとギター弾き」

フィリピンのストリートキッズが主人公だが、子役が素晴らしい。現地調達とか。盲目のギターおじさんも本物とか。これ撮った監督が日本人というのが驚き。

「潜入捜査」

パブロ・エスコバルを調べていたので観たが、いまいちだった。エスコバル、一瞬しか出てこないし。マフィアに潜入した捜査官の話だが、人と信頼を築いて裏切る仕事というのは人としてサイテーだ。マフィア相手だからといって、どうかと思ったよ。社会正義のためだからといって、すべてが許されるわけじゃない。捜査官の精神的なダメージからいっても過酷な任務だ。捜査官の葛藤も描かれていた。ところが、エピローグで主人公の捜査官が現在も元気に仕事を続けていて、奥さんと仲良く暮らしてますみたい

な映像があって愕然。本物の写真だと俳優よりずっとチャラそうだし。まじにサイテー
なんじゃないかと……。

5

2020 MAY

堅守路線

緊急事態解除

東京以外は緊急事態解除。5月中には全国的に解除されそうな雰囲気である。ただ、またどうせぶり返すだろうから、完全に正常化するのはワクチンしだいなんだろう。

検察庁法改正案は見送りに。黒川という人をトップに据えるための法改正だったようだが、文春が賭けマージャンをすっぱ抜いて黒川氏が辞職。ごり押しで通そうとした法案がポシャった。文春砲の威力すごい。

米国では白人警官が黒人を殺害してしまった映像が拡散し、各地で暴動になっているようだ。コロナ禍も世界中で鎮静化してきたが、400万人超の感染者の3分の1は米国だ。日本みたいな皆保険ではないので、病院に行かない層もいる。コロナで格差をつきつけられる中での事件ということもあるのかもしれない。

サッカーはブンデスリーガが再開。プレミアもまもなく。これから駆け込みでシーズンを終わらせるつもり。Jリーグも6月に無観客で再開になりそうだ。

とりあえず、それまでは過去の試合でも見返してみようということで、ロシアワールドカップを見直してみることにした。

フランス0-0デンマーク

優勝したフランスの見ていない試合、というか見ていたかもしれないが記憶が曖昧だったグループリーグのデンマーク戦を見てみた。

この時点でフランスが優勝するという雰囲気はない。デンマークが引いているのでパスは回るが、そこから先がない。このゲームではグリーズマンよりフェキルのほうがベターに見える。わからないものだ。優勝チームの答え合わせのつもりで見返してみたのだが、かえってなぜ優勝できたのかわからなくなった。

この大会のフランスは、フランスらしいチームだったと思う。何がフランスらしいかというと、何が「らしい」かよくわからないところだ。禅問答みたいだが、そうなのだ。ブラジルやイタリアみたいな「らしさ」がないのがフランスらしさなのだ。

ベースは4-2-3-1でオーソドックスなスタイル、戦術的には最低限のものがあるだけで、あとは選手によって変わる。その選手も、ほぼ同じタイプを選んでいない。カンテの控えがエンゾンジなのだ。同じポジションでも全然タイプが違うので、出ている選手のパッチワークである。そういうこともあってか、このグループステージの段階ではチームとしてカチッと組み上がっていない。

たぶんパズルがはまったのはアルゼンチン戦で、その後はコレで行こうという感じで決勝まで勝ち進んでいった。作りこまない。出たとこ勝負。あとは流れ。この方針でここまでやれるのはデシャン監督しかいないかもしれない。フランス代表の生理を理解しているように思える。ただ、これがフランスには一番いい方法ではある。

日本2－2セネガル

見返してみたら、「よく引き分けられたな」という試合だった。6対4か7対3でセネガルのゲーム。日本は思ったよりビルドアップできておらず、GKも含めてアバウトなロングボールがそのとき感じていたより多かった。セカンドの回収はわりと上手い。

香川、柴崎、乾がいいプレーぶり。香川、大迫の間受けとミドルプレスが生命線、4－4－2の普通のチームという印象。フィジカルのないフランスみたい（それじゃフランスじゃないけど）。

ただ、とりあえず接戦にはできていた。ここまでが精一杯なのでよくやったと思う。

ブラジル2－0メキシコ

前半はメキシコが攻勢も、途中からブラジルのペースになった。1対1でシュートまで持っていく力がブラジルのほうが明らかに上で、このアドバンテージは他国にはない。メキシコはよく日本と比較されるけど、パスワークの洗練と技術はメキシコがワンランク上。確かに似てはいるが格上である。それでもブラジルには歯が立たない。

ベルギー2-1ブラジル

デブライネの偽CF。ブラジルの4-3-3にマッチアップさせたベルギー、相手に合わせたほうがいいプレーをする。タレントは多いけれども、相手の良さをまず消そうというサッカーがDNAとして残っているのか。日本戦がある意味、教訓になっていたのかもしれない。1998年のクロアチアも日本戦で苦戦してからスイッチが入って3位になっていて、この大会ではベルギーがそんな感じだったわけだ。

国家安全法と香港

中国で国家安全法が可決。いよいよ香港は暗黒時代に突入ということか。

サラリーマンだったとき、香港には何回も行った。当時はまだ英国領だった。会社の社長クラスは息子や娘を米国やオーストラリアに留学させていて、中国へ返還されるタイミングで移住するつもりという人がけっこういたものだ。反対に、中国に家建てていた人もいたが。中国の統治下になるのはわかっていたので、当時からそれぞれ準備をしていた。

ただ、そんなプランなど持ちようのない大半の人々はどうなるのだろう。もともと英国でも中国でも関係ないのかもしれないけれども。まあ、息苦しくはなるのだろう。

今季の戦力を再チェック

6月にはいよいよJも再開ということで、今季のジェフについて整理しておこう。

今季のテーマは何といっても「堅守」である。4－4－2で引き込んで守るのが特徴だ。あんまりボールへガツガツ行くのではなく、ちゃんとカバーリングがつくまでは飛び込まない。だからどうしても引き込む。

引いてコンパクトに守れば、それなりに守備は固くなるが、プレーエリアはそれだけ自陣に近くなる。そしてサッカーはミスのスポーツだということ。ミスは必ず起こる。

ジェフの場合は自陣近くでミスが起きやすくなる。だから、まずはセーフティファーストを念頭に置かなければならない。奪ったボールを単純に蹴り返すだけというプレーは増えるだろう。

崩されにくいかわりに、相手がアバウトに放り込んでくるケースも考えられるので、CBの空中戦の強さ、GKのハイクロス処理能力は必須だ。

その点、GK新井章太はかなり信頼できそうだ。ファン・エスナイデル監督のときのように、広いエリアをカバーしてビルドアップにも加われというならどうかわからないが、従来型のGKとしての能力は高い。メラメラと炎が燃え立っているような闘志がいい。堅守型を志向するならGKの実力は絶対だ。引き込む以上はそれなりにシュートも打たれるし、決定機の1つや2つは作られる。それを止めてくれるGKが必要で、そもそもGKに弱点があったら引き込むプラン自体が危険すぎる。そういう意味で補強の目玉といえる選手だろう。

CBは増嶋竜也、新井一耀、鳥海晃司、チャン・ミンギュ、岡野洵で回していくことになるだろう。いずれも空中戦は強い。新井と鳥海は足下も安定感がある。チャンは正直よくわからないが守備の強さはあると思う。ユン・ジョンファン監督が信頼して獲った選手だろうから、守備の中心と見込んでいるのかもしれない。

SBは右がゲリア、米倉恒貴。左は安田理大、下平匠がポジションを争う。安田はユン監督下でプレーした経験があるので、スタイル的にはハマるかもしれない。ここも攻撃力よりも守備の安定が求められるが、キック力は1つのポイントかもしれない。というのも、自陣からビルドアップという形をあまりとらないので、引き込んだ守備の後の選択がロングボールになるから。そのときにはGKとSBがフィード役になることが多いと予想できる。

MFの4人はフラット型で中央のボランチ2人は守備力がまず問われる。田口泰士は攻守に優れたMFで、今季のキーマンの1人だ。パートナーは熊谷アンドリュー、小島秀仁、高橋壱晟。見木友哉はボランチかSHか迷う。相手はハーフスペースへのパスを狙ってくるので、周囲と協力しながらそこを潰す仕事はかなり重要。そして、奪ったボールをワンタッチで確実につなぐ能力があるかどうかでカウンターの行方を決める。

今季の懸案はSHだと思う。やはり守備力が問われる。SHがどう守るかが全体の組織を決めるところがあるので、戦術的な判断力がまず大事。そのうえで2人を1人でみなければならないことが多いので、二度追いできる運動量も必須。もちろん、攻撃ではクリエイティブなプレーを期待されるポジションでもある。正直、この役割を完璧にこなせそうな選手は見当たらない。バランスがいいのは田坂祐介だが、スタミナがやや心配。堀米勇輝は攻撃面ではセットプレー含め、最も武器の多い選手だが肝心の守備が怪しい。為田大貴は馬力があって攻守で頑張れるので、判断を間違えなければ有力だろう。矢田旭は掘米より守備はできそうで攻撃力もあるが、守備が得意というほどではない微妙なタイプ。見木は走れるし技術もあるが、守備力がどうかは未知数。米倉のＳＨがハマれば、米倉と為田で決まるかもしれないが、ちょっと予想がつきにくい。どのみち疲弊するポジションなので、固定化はしないはずだ。

ＦＷは高さのある選手が多い。後方からのロングボールが多くなるので、高さは必須といえる。クレーベ、アラン・ピニェイロ、山下敬大、川又堅碁、櫻川ソロモンはいずれも高くて強いタイプである。ただ、ユン監督の戦術ではＦＷの守備力も要求される。大きな選手は守備の機動力に欠ける傾向があるので、そのあたりがどうなのか。船山貴之、佐藤寿人は小柄でアジリティがあるタイプなので、大小コンビというのも考えられるが、それにしてもクレーベとアランの現状の守備力はやや不安があるのは否めない。

全体が低めの位置でコンパクトになって守備ブロックを作って待ち受け、いい形で奪えたらカウンター。ボール奪取地点が低ければ、ＧＫかＳＢからロングボールを蹴って全体を押し上げていく。セカンドボールの回収率もキーポイントで、拾える率が高ければサイドへ回してクロスボールを使えば、ＦＷの高さを生かせる。

長身選手が多いのでセットプレーは得点源にしたいところ。堅守とカウンター、ロングボール、ハイクロス、セットプレー。あんまりオシャレなサッカーではないが、まずはここからだろう。

6

2020 JUNE

栄枯盛衰

Ｊリーグ再開！

新聞の見出しにこんなのがあった。小池百合子都知事の写真の横に書いてあったのは、

〈悪いのは　私じゃないの　夜の街〉

五七五。日本のタブロイド紙はこういのが上手い。「ロックダウン」や「ステイ・ホーム」は英語なのに、「夜の街」だけ日本語なのは妙にナマナマしくてよろしい（笑）。相変わらず感染者は東京で１００人くらい出ているのだが、こんな調子で五輪なんて開催できるのかな。

アカデミー賞で話題の映画「パラサイト」を観た。半地下に住む家族がいろいろ「計画」を巡らすのだが、最後はことごとく水泡に帰していく。父親はとうとう「無計画に失敗なし」と言い出す。要はヤケクソ。計画はことごとく失敗し、ヤケクソのパワーが空恐ろしい。底辺で這いずり回っていた連中がヤケクソになったときの恐さ。南北問題の比喩なのだろうけど、コロナ対策が計画どおりいかなかったときの末路もヤケクソなのだろうか。

Jリーグは再開後の日程を発表した。

ジェフの第2節はホームの大宮アルディージャ戦となった。いきなり今季の優勝候補との対戦である。7月に入ると、週2試合のペース。また感染拡大することも十分予想されるので、どこまで日程を消化できるかわからないが、今季はとりあえず降格もないのでいくぶん気楽ではある。

あ、ないんだ（第2節 0-1大宮）

いよいよJリーグ再開。ジェフは開幕戦からけっこう先発が変わっていた。開幕戦から3カ月も空いちゃってるからね。

前半、あれ？ という感じ。ジェフのボールポゼッションが54%。途中では60%あった。堅守の作戦のわりにはボールを持っている、というより大宮が持たせているのだろう。で、ボールを持ってはいるのだがほぼ何もできない。予想していたこととはいえ、第2節で早くもこの現実に直面したわけだ。

前半のロスタイムに不運な失点があり、それが結局決勝点だった。ジェフは攻め手がない。たぶんこれは今後繰り返されることになりそうなので、そのたびに愚痴ることになるのだろう。あまりに繰り返すのは嫌なので、ここでまとめて吐き出しておく。

ジェフは攻め手がない。ジェフは攻め手がない。ジェフは攻め手がない。うん、ちょっとスッキリした。攻め手がないくらいがなんだ。今季は守り勝つのだ。守り倒すのだ。欲しがりません勝つまでは。1失点はアンラッキーだった。崩されたわけではない。守備はけっこうしっかりしていた。

ただ、後半はかなり「間」に入られていた。4－4－2のブロック守備の弱点が「間」である。SBとSHとボランチの「間」だ。4－4のラインが形成する3つの四角形の真空地帯。ここにいる選手にボールを入れて、守備側の動き方しだいで穴をつくのがブロック崩しの定石である。後半の大宮はバンバン「間」へ入れてきた。定石どおりだ。

それに対して当然ジェフは……とくに対策はないようだった。え？　ないの？　あったのかもしれないが、あるようにはみえなかった。あ、そう。ないんだ。守り倒せるかどうか急に不安になった。まあ、まだ2節、まだ再開したばっかりだ。これから、これから。

栄枯盛衰

カイザースラウテルンが倒産、そしてリバプールが優勝。

カイザースラウテルンはドイツの名門クラブだった。1958年のワールドカップで優勝した「ベルンの奇跡」の主力メンバーがカイザースラウテルンだ。キャプテンのフリッツ・ヴァルターとかね。強かったのは1950〜60年代なので、そのころのことは全く知りません。ただ、名前がいかにもドイツっぽいと思っていた。カイザーだからね、しかもスラウテルンまで付いてる。フリッツ・ヴァルターもドイツ人ぽいなあ。

3部だったんだね。破産申請して負債は2000万ユーロとか。2006年のドイツワールドカップで日本がオーストラリアと試合をしたのがカイザースラウテルンだった。すごく暑かったのをよく覚えている。40度くらいあったんじゃないかな。フィールド上の暑さはすごかったに違いない。終盤に3点ぶち込まれて負けるというトラウマ的敗戦だったけど、オーストラリア人は本当にタフだった。アングロサクソン系って、暑い寒い汚い不味いには強い印象がある。兵隊さん向き？　まあ偏見だけれども、タフなのは間違いない。

で、プレミアリーグはリバプールが優勝。ここも波瀾万丈の歴史あるクラブだけど、せっかくの優勝なのにコロナで観客入れられないというのが何とも。

リバプールがすげえなと思うのは、ファンとの一体感だ。なんの試合か忘れたが、マリオ・バロテッリがタッチライン際で相手にぶっとばされてフェンスのところまで転げ落ちたシーンを思い出す。イングランドは雨が多いせいかピッチの傾斜が強くて、ほんとに転がり落ちる感じになるのだが、フェンスまで落ちたバロテッリがやおら立ち上がろうとした瞬間、おっさん3人ぐらいがフェンスから手を伸ばしてバロテッリを捕まえたのだ。ガッシリつかみながら、口々に何か言っている。で、5秒ぐらいして「さあ、行け！」という感じで背中を押して送り出した。これ、すぐにフィールドに戻したら報復するのがわかっているからなんだよね。へたするとレッドカード貰う。だから、ほんの少し頭を冷やす時間をとった。ファンもゲームに参加している。フィールドとスタンドを隔てているフェンスも低く距離が近いわけだが、それ以上にファンと選手の距離が近い。お客さんと選手というより、同じ「仲間」という認識なのだろう。

7

2020 JULY

塩加減

理想以上に理想的（第3節 3-0水戸）

ポン・ジュノ監督の「タクシー運転手」を観た。「パラサイト」と同じ監督。こちらは光州事件の実話が元みたいだった。「パラサイト」でお父さん役だった俳優がタクシー運転手の主人公、まあやっぱりお父さんなんだが。

ポン・ジュノは以前に「グエムル　漢江の怪物」というのも観た気がするけど、だいたいメッチャいい人が出てくる。ちょっと抜けていて、すごく小市民だけどいい人、儒教的にいえば「仁」の人。その仁の人と無慈悲な国家権力との対比がある。ケン・ローチ的な監督なんだろうね。タクシーで逃げる終盤のシーンは「エリックを探して」の〝オペレーション・カントナ〟だった（笑）。

すでに梅雨入り。そこそこ雨。気がつけば半年終了。光陰矢の如し。

第3節はアウェイの水戸ホーリーホックとの対戦。水戸は沖縄キャンプのときにやたら評判がよかった。

ちょっと苦戦も覚悟して見はじめると、6分で先制した。クレーベが高い位置でプレスして奪い、米倉恒貴が右サイドをえぐってプルバック、山下敬大が決めた。パチパチパチ。理想的な時間、理想的な形。

あとは予定どおり守る。分厚いブロック、大宮戦で気になっていたバイタルへの侵入もCBが早めに前に出て潰す。できるんじゃないの。攻撃はもっぱらタテポンだが、クレーベと山下がかなり強いので、これはこれで迫力があった。

ユン監督の狙いはこれなんだろう。がっちり引いて守ってタテポンで押し返す。相手ボールになったらサッと引くの繰り返し。自陣ではほとんどパスつながないし、見栄えもあんまりしないけど、戦い方に統一感はある。

後半にタテポンからファウル貰ってFK、田口泰士が壁を越して落ちるボールでゲットして2－0とリードを広げた。すげえFKと思ったけど、軸足が滑っとるがな。偶然かな（笑）。

60分の時点でボール支配率は35％。このポゼッションで2－0というのは、今季のジェフとしては理想的といえる。早い時間にハーフカウンターで先制、セットプレーで2点目だ。そしたらロスタイムに3点目キタ！　船山貴之のパスカットがそのままスルーパスに、川又堅碁が冷静にＤＦを外してゲット。理想的以上に理想的ぢゃ。

ボールはセンターサークルにとどまるか？（第4節 0-1栃木）

七夕。九州で大雨の被害が出る。Ｊリーグは第４節から５０００人入れるらしい。無観客試合というのは案の定、味気ないものがある。ただ、ガラガラのスタンドに選手や監督の声が響くというのは、それはそれでちょっと面白い。体がぶつかり合うときの音なんか、「うわー」と思う。骨っぽい音もするからね。

第４節の栃木ＳＣ戦は、そういうわけでちょこっと観客も入っていたのだけど、声の応援は禁止で拍手だけ。いいプレーでパチパチパチパチと拍手が起こるのは、これはこれでいい感じなのだけど、むしろ無観客より違和感があった。無観客というのはトレーニングマッチがそうなので、実はわりと見慣れている。拍手だけの観客がいる状況というのは、たぶん初めてなんじゃないだろうか。

栃木は守備型のチームという点でジェフと似ている。ジェフよりも前で奪おうという意識は高いみたいだが、守備型という点では今季初のタイプだ。大宮はわざと持たせてきたけど、琉球と水戸はタイプこそ違うけれども攻撃型だった。ジェフは相手にボールを持たれる想定でプレーしているが、相手もそうだからどんなゲームになるのか。

「ボールはセンターサークルにとどまることになる」

セサル・ルイス・メノッティはそう言っている。メノッティは1978年ワールドカップでアルゼンチンを初優勝に導いた監督だ。攻撃サッカーの信奉者であるとともに、守備的なカウンター主体のスタイルを忌み嫌っていることでも有名な人物である。

「カウンターをプレーアイデアに含めること自体が愚かだ」

メノッティに言わせると、カウンターアタックは「突然芽生える恋心」のようなものだという。なかなかロマンティックな比喩だけれども、要は計画できるものではないと。あらかじめ計画できないものを計画するのは無理なので「愚かだ」という結論なわけだ。

さて、試合が始まってみると、もちろんボールはセンターサークルに止まっているわけではなかった。というより、どこにもとどまっていない。蹴り合いである。ボールを3秒持ったら爆発するとでも思っているがごとく、どっちもバンバン蹴る。黒ひげ危機一髪ゲームか。

ジェフはSBにボールを回してそこからトップへ蹴ろうとしていたが、DFが横並びのままパスを回すのでSBがフリーにならない。横並びだと、縦抑えて詰められたら出口ないからね。蹴り合いを制したのは栃木、瀬川和樹のどんぴしゃすぎるクロスボールを矢野貴章がヘディングでゴール。栃木もジェフの守備ブロック内へパスをつなぐつもりはサラサラないようで、容赦なく放り込んでくる。そのうちの1つが当たった感じ。

逆にジェフは、高橋壱晟のプルバックを山下敬大がシュートという前節の得点とそっくりなチャンスが1回あったきり。メノッティさんのいうところの「恋心」が芽生えることもなく終了となった。

期待の大型新人（第5節　2-0金沢）

以前、ある人と話していて、「どうして『期待の大型新人』というのかな？」と言われた。「期待の新人」はわかるが、「大型」をつける意味がわからないと、その人が言うのだ。まあ、体が大きいから「大型新人」なのだろうが、期待が大型にかかっているのか新人にかかっているのか、それとも両方なのかがよくわからない。

その人が言いたいのは、どうも「大型」は余計ではないかということのようだった。つまり、新人に期待しているなら「大型」は余分である。「期待の新人」で十分であり「大型」と強調する意味がない。「大型」に期待しているなら意味がわからない。体が大きければいい選手とはかぎらないからだ。バスケットボールやバレーボール、あるいはプロレスならともかく、サッカーは小型や中型にも十分期待できるのだ。「大型新人」も同様で、中型新人にも期待できるはずなので「大型新人」だから期待はナンセンスであると。

たぶんこれは「大型」の意味するところが違っていて、サイズそのものを表しているのではなく、才能や可能性を「大型」と表現しているにすぎないのだ、ということで話はとりあえず落ち着いた。だが、それでも「大型」という表現の中にもサイズへの憧れやコンプレックスみたいなものが含まれているかもしれないのは否定できない。だって、「期待の小型新人」とは言わないからね。

第5節は水曜日のナイトゲーム、アウェイのツエーゲン金沢戦。ここでジェフは「期待の大型新人」櫻川ソロモンを先発起用してきた。

櫻川は身長193センチ、体重89キロという紛れもない大型である。お父さんがナイジェリア人。ナイジェリアはけっこう大きい人が多い印象はある。もちろん大いに期待している。大型にも新人にも大型新人にも期待している。

期待に応えて櫻川は先制ゴールをゲットする。しかも、GKに競り勝ってこぼれたボールを自ら押し込むというインパクト満点のゴールだった。

しかも収まる。足下がけっこう柔らかくて、足でも頭でもロングボールを味方へつなげる。大きな選手は敏捷性に欠ける場合が多いが、ボールタッチが下手とはかぎらない。日本では「ウドの大木」なんて言い方があるように、大きさに対するコンプレックスの裏返し感情も根強いのだが、大きさだけに期待するのがナンセンスなように、大きいからダメということもないわけだ。大きければ大きいなりに、小さければ小さいなりに、やりようがあるというのがサッカーのいいところでもあるわけだ。

2点目は佐藤寿人のヘディングシュートがポストに当たり、こぼれ球を見木友哉が押し込んだもの。佐藤は小さいほうの代表選手だ。俊敏でゴール前のポジショニングで点を取る。この分野では日本サッカー史上でも屈指の名手である。得点者の見木は大型ではないが期待の新人だ。アジリティがあってボールタッチが良く、プレーぶりがエネルギッシュだ。すでに昨季から特別強化指定で試合に出ていた。ボランチでもサイドハーフでもプレーできる。いろいろできるぶん、まだ固まっていない。これからどう成長し、どんなプレースタイルになっていくのか楽しみだ。

前半に期待の新人が2点をゲットした後は、ほぼほぼ守り倒して試合終了。ここまで5試合で失点は2、まあまあのペースでしょう。この試合は前節から思い切ってローテーションしていた。過密日程の今季はこういう進め方になっていくのだろう。

川崎とヴェルディ（第6節 1－2東京ヴェルディ）

J1は川崎フロンターレが強い。いや、強いなんてものじゃない。圧倒的だ。第2節の段階で「うわ、これは」と思っていたが、このまま突っ走る可能性は大だ。今季から4－3－3に変えて、パスワークの崩しだけでなくサイドからのクロスボールにレアンドロ・ダミアンというパターンが増えた。攻撃から守備への切り替えも速い。ハイプレスで奪って攻撃続行という流れは全盛期のバルセロナ感が漂う。こうなるともう止めるのは難しかろう。

ただ、川崎の強さのベースにあるのは技術だ。風間八宏前監督のときに培った「止める・蹴る」が効いている。ピッタリとボールを止められるということが、サッカーにおいていかに大事かが川崎を見ているとよくわかる。一発でボールの「柄」が見えるぐらいに止められるから、顔が早く上がるし、奪われない自信があるのでパスコースから隠れない。相手がすぐ近くにいても止められる。止まるからすぐパスできるし、相手が見えているのでタックルを外すこともできる。

技術があるので連係ができる。川崎はさほど攻め急がず、サイドでトライアングルを作って連係で崩していくのだが、そこで奪われてもトライアングルのまま封鎖してしまう。守備のトライアングルは攻撃時より縮む。つまり、相手は川崎が攻撃でパスを回している距離より近い距離のパスワークでハイプレスを回避しなければならないのだが、そんなチームはまずないわけだ。川崎は普通のチームより近い距離感でパスを回せる。技術があるからそれができるわけだが、相手は川崎を上回れないので封鎖を突破できない。何とか川崎のトライアングル封鎖からボールを出しても、そこには川崎のアンカーやCBが待ち構えてカットという流れが続く。

圧倒的な川崎。Jリーグが始まったときもそうだった。そのときの川崎はヴェルディ川崎で、現在の東京ヴェルディである。三浦知良、ラモス瑠偉、ビスマルクといった個人技に秀でたスターたちが並んだ圧倒的な陣容。プレーの質が周囲と一線を画していたのは川崎フロンターレと同じである。その全盛期のヴェルディのメンバーだった永井秀樹が東京ヴェルディを率いている。

土曜日のホームゲームは東京ヴェルディを迎えた。沖縄キャンプのときにチラと見たが、永井監督の下で徹底的にパスをつなぐつもりのようだった。川崎だったころのヴェルディを復活させたいのかもしれない。

いわゆるオリジナル10でJ2にいるのはジェフとヴェルディだけだ。日本リーグ時代の古河電工と読売クラブから競ってきた間柄のせいか、何かと縁のある相手。元ジェフの井出遥也、小池純輝、若狭大志が先発に名を連ねているし、昨季ジェフの指揮を執った江尻篤彦さんは東京Vの強化部長になっている。

前半はボールを持ちたい東京V、引いて構えるのがデフォルトのジェフで噛み合った試合になる。PKで東京Vが先制した。後半、ジェフが攻撃に出る。ただ、攻撃の後のハイプレスがないので、攻撃するとカウンターされちゃう。結果的に攻め合い、カウンターの打ち合いみたいになった。

ジェフはロングスロー（by©増嶋竜也）から米倉恒貴、船山貴之の連続シュートの後に山下敬大が叩き込んで同点。しかし、78分に1点食らって1－2の負けとなった。

東京Vは、やはりヴェルディっぽい選手がいる。井出なんかジェフ育ちなのに、何となくヴェルディっぽい。藤田譲瑠チマもヴェルディっぽい。何がヴェルディっぽいかというと、まずは技術。テクニックがあること。で、ちょっと遊び心がある。それでいてけっこう泥臭い。昔のイメージでいうと、上手くて生意気で汚いのがヴェルディ。

東京教育大のOBから始まって、小見幸隆さんなどの学校スポーツからはみ出したアウトロー的な人たち、そこに与那城ジョージ、ラモス瑠偉などのブラジル人が入ってきて、それらがミックスされて独特の雰囲気を持っていたのが読売クラブだった。現在のヴェルディにも何となくその匂いは残っている。

ただ、全盛期と比べるとね。スケールはずいぶん小さくなった。ヴェルディに比べるとジェフらしさというのは特になさそうだけれども、はたから見ればまた違うのかもしれない。互いに長い間頑張ってきたわけだが、うーん、そうだね、俺たちどこで間違っちゃったのかな……（バカヤロー、まだ始まってもいねえよ！ｂｙ「キッズ・リターン」ちょっと変え）。

不屈（第7節　1－2甲府）

現実を知るのは辛いものだ。だから人間は幻想の中で生きている。あるいは、勘違いしながら生きている。

知らないですむなら、現実など知らないほうがいい。しかし、どうしても知ってしまうこともある。現実を知ったとき、つまり自分が完全に〈負けている〉ことがわかったとき、とるべき態度は２つある。

現実などなかったことにしてやり過ごす。誤魔化すのだ。世間を誤魔化し、自分を誤魔化す。まあ、ぶっちゃけ、これでたいていは上手くいく。ただ、そうはいかない場合もある。

そのときは闘う覚悟を決めなければならない。必ずいつか〈勝つ〉と決める。今は負けていても、成長と進化の末に必ず勝ってやるぜと誓う。世界中が「お前は敗者だ」と言っていても、断固として負けを認めない。

これを不屈の精神というわけだが、不屈の精神とは実は精神が不屈なだけで、客観的には負け続けることに決まっている。オシムさんが言っていたように「限界に限界はない」のだ。敵は青天井だから不屈の精神は負け続けることに決まっている。ただ、本人は不屈なので本人的には負けではない。勝つ途中にすぎない。永遠に訪れない勝利に向かって、負け続けてなお勝利の途上であると信じる力が不屈である。全部負けたうえで精神だけが勝っている状態だろうか。


第7節のヴァンフォーレ甲府戦は現実を知らされた試合だった。ジェフはやるべきことをほぼやって、それでも負けたという現実が重い。

ジェフがやるべきことをやらず、戦術的にカオスで、その結果としての負けならば、イチから出直せばいいだけだ。やるべきことをやれ、ということで明確だ。ところがチームとしてやるべきプレーをやったうえで結果が出ないとなると、事はずっと重大である。過密日程の中で、そんなに大きな変更はできない。プレシーズンで用意できたものがほぼすべてという今季はとくに、このままで行くしかないので、つまり同じことが何度も繰り返されるだろうというサインなのだ。

前半は甲府が引いてジェフにボールを持たせていた。どっちかといえば守りたいジェフだが、こうなれば攻めるしかない。4分に山下敬大がFKをヘディングで決めるがオフサイド。点にはならなかったが、あっさりだった。7分にもリズムよくパスを回して山下がボレーシュート。さらに田口泰士のミドルシュート。パスを回してサイドからのクロス、セカンドボールを拾って波状攻撃という意図した形はできていた。

後半もそんなに展開は変わっていない。ただ、セカンドボールの回収率が悪くなり、甲府が攻勢をかけてきた時間帯で2点を奪われた。最後に櫻川ソロモンが真っ直ぐ入ってきたFKを頭で方向を変えて1点返したがここまで。

攻撃が単調だった。ロングボールからのセカンドを拾う、クロスボール、そしてセカンドボールを拾って同じことを繰り返す。これで先制できていればジェフのゲームになっていたのだろうが、時間の経過とともに相手が守り慣れしてきた。そして、ジェフには他に出すカードがなかった。

守りたいジェフに攻めさせ、攻め疲れをついてカウンターを仕掛ける。予想されたゲームの1つだろう。しかし、相手の思惑どおりになった。さらに上を行くものを見せなければならない。ジェフは用意してきたもの以上のプレーをしなければならない、つまり進化しなければならない。限られた時間でそれができるかどうかはわからないが、できなければこのままだろうということはよくわかった。

正直に言えば、これはもう難しい。ここまで固めてきた戦い方を変えるのは無理だからだ。変えようと思えば変えられるが、そうしたら別の壁に突き当たるだけだ。だから、現実を直視したうえで、ここから土台を崩さずに積み上げていくほかないと思う。ただ、もうシーズンが走っていて、こんな日程だから積み上げそのものが難しいのは容易に予想できる。

申し訳ないが、客観的には先が見えてしまった試合だった。

あとは不屈の精神あるのみである。この先、どんなに負け続けても、いかに残酷な結果が待っていても、「まだ勝つ途中だ」と虚勢を張り続けるのだ。サッカー選手は基本的に不屈の人々である。簡単に負けを認めていたら、プロ選手なんかやっていられない。

彼らはやせ我慢のスペシャリストである。毎週、きっちり結果が出て、やりすごすことなどできない世界で日常を送っている。万一、そんなことは起こらないけれども、この先すべての試合に負けたとしても、彼らは基本的に不屈のままだろう。

野中の1本杉みたいに、ぽつんと「不屈」だけが立っていたとしたら、逆にそれはそれで壮観で、とんでもなく美しい光景として目に映るに違いないが。

塩試合（第8節 0-0山形）

退屈な試合、しょっぱい味の試合は、「塩試合」と呼ばれる。

わりと最近の例をひくと、2019年アジアカップの日本代表のゲームはほとんどが「塩試合」だった。力関係でだいたい優位だった日本だが、慎重なうえにも慎重に相手の攻撃を潰し、攻撃しても何だか用心深さが抜けないようで、言ってしまえば勝てればそれでオーケーという試合ぶり。日本は大半のゲームを塩漬けにして決勝まで進んでいた。

塩試合が罪深いのは、誰も楽しくないことだと思う。塩漬けにされたうえに負けたチームとファンにとっては、何もできずに負けたという無力感が残る。塩漬けにして勝ったチームも、試合が終わって「ああ、勝った。良かった」という安堵感と、辛い仕事が片付いた充実感があるぐらい。最悪なのは塩漬けにしたのに負けた場合だ。これは何も残らない。ミスってしまった、台無しにしてしまったという類の後悔が残るだけだ。

本来、サッカーは楽しい。プレーするのが楽しいし、それを見るのも楽しいものだ。それなのに塩試合が発生するのは、勝たなければならないというプレッシャーのせいである。ゲームなので、勝つためにやるのは当然で、勝ち方も自由である。塩漬けにして勝ってはいけないというルールではない。

では、サッカーは楽しむためにやるのか、それとも勝つためにやるのか——答えは両方だと思うのだが、どちらに軸足を置くかは昔からいろいろな意見があるわけだ。

第8節のモンテディオ山形戦は守り合いみたいな試合だった。塩も塩、互いに塩を盛り合うような塩試合。とりあえず連敗は止められた。ただ、それだけの試合だった。

アウェイで1ポイント持ち帰ったので成果としては悪くないが、90分間見続けるのが苦行みたいな試合だった。J2でも屈指の塩試合ではないだろうか。メノッティさんの言う「ボールはセンターサークルにとどまる」というゲーム。「突然芽生える恋心」のようなカウンターアタックすらほとんどない。

今季のようなジェフ方式だと、こういう塩味も何度かは味合うことになるのだろうとは思った。どっぷり浸かっている方々は、もう塩だろうと何だろうとあまり関係ないとしても、新規ファンの獲得という点では、あんまりしょっぱい試合ばかりだとマズイんじゃないかとも。面白い試合は人それぞれなところはあるが、つまんない試合はだいたい同じだからねえ。

8

2020 AUGUST

安田大サーカス閉店ガラガラ

勝てる勝負に負けるということ（第9節 1－2群馬）

梅雨が明けた。とたんにセミが鳴きだした。

コロナの感染者が連日増加している。Jリーグも名古屋グランパスに感染者が出て、J1は1試合が延期になった。U－19のキャンプは中止に。

緊急事態宣言を出して、一時は収まったかにみえた感染がぶり返している。根絶しないかぎりは、人が動けばウイルスも運んでしまうということか。かなり抑え込んだ国もある一方で日本は抑えきれなかった。下火にはなったけれども、人が動けば元の木阿弥なのはみえているわけだ。一時的に人の動きを抑えた以外はとくに何もしていないのだから、生活が元に戻ればウイルスの活動も戻るわけだ。

勝てそうな勝負だったのに、トドメを刺さなかったばかりに逆襲されるというのはサッカーでもよくあることである。

それにしてもホームで勝てん。ジェフばかりでなく、コロナで入場規制や無観客になって以来、世界中でホームチームが勝てないという謎の現象が起こっている。

結局、ホームアドバンテージというのは観客の有無だったということだろうか。家から近い、使い慣れたフィールド、相手は遠方から時間をかけて来る……そういった諸々のアドバンテージは実はたいしたことなくて、背中を押してくれるファン、サポーターこそほぼすべてだったということなのかもしれない。

ザスパクサツ群馬をフクアリに迎えての第9節は1－2の逆転負け。先制もして、ジェフのやりたい試合がほぼできていた。にもかかわらず勝てなかった。群馬の2点目はロスタイムの95分、CKからのラストプレーだった。

勝てるはずの試合を落としたということで、これはかなりショックな試合といえる。相手に引かれてしまって、守りたいジェフが攻めに出て負ける。このパターンはある程度覚悟している。これを繰り返すだろうという悪い感触はすでにある。しかし、先制して相手が攻めざるをえない展開、つまりジェフにとってはおあつらえ向きの流れになっているのに勝てないとはどうしたことか。これで勝てないと、勝てる試合がないのだが。

前半、田口泰士のボール奪取からのショートカウンターが冴えていた。田口はボールを上手く扱えてゲームを作れるだけでなく奪える。ユン・ジョンファン監督の構想で欠かせない選手だ。組み立てられる選手が奪えるので、ショートカウンターが効く。

35分、安田理大のクロスボールから川又堅碁のヘディング、チャン・ミンギュに当たってこぼれたところを山下敬大がズドーンと蹴り込んで先制した。

ところがリードは10分程度しかもたず、47分にＰＫをとられて同点に。低く構えて群馬の攻撃を防いでいたのだが、波状攻撃を受け、最後は宮阪政樹からボックス内の白石智之へスパッと縦パスが入って安田がファウル。ＰＫを大前元紀に決められてロスタイムで同点にされるという嫌な流れ。

そして95分、ＣＫを得た群馬は、ファーへ抜けたこぼれ球を小島雅也が決めて1－2。失点は前後半のインジュリータイムだった。立ち上がりと終わり間際は、サッカーでは点が入りやすい時間帯とよくいわれる。いわゆる集中力の問題。

負けるべくして負けるのも嫌なものだが、勝てる試合を落とすのは後味が悪い。

偶然にみえる必然（第10節 2－0町田）

2人の子供が生まれたのは墨田区の小さな病院だった。橋のたもとにあって、橋の向こうは浅草だ。本当に小さい病院で、木造2階建ての1階が診察室、2階が妊婦さんの泊まる部屋になっていた。

面白かったのが、1階でお産が終わると医者と看護婦と私で妻を2階へ運び上げる作業である。担架に乗せて、狭い階段を一気に運び上げる。そういう手順だとはいちおう聞いていたが、いざやってみると妻を落っことしそうになった。先生はかなりのご高齢なのだが、いやそのせいか、バタバタと凄い勢いで階段を上がっていくのだ。そのほうがしんどくないのだろう。ただ、出産したばかりの人をあんな勢いで運び上げるとは思いもよらず、小柄な先生の瞬発力に驚くとともに、妙におかしくなってしまって腕に力が入らなかったのだ。

2人目のときは、前回のことがあったので無事だったのだが、1人目のときの体たらくはいまだに妻に嫌味を言われる（笑）。

子供が生まれると区役所へ行く。墨田区役所のそばには勝海舟の像があった。勝麟太郎は下町の英雄だ。勝のエピソードはたくさんあるが、江戸城を薩長軍に明け渡したときの「3度の飯を2度にしろとはいえない」というのが気に入っている。無理すれば薩長軍と戦って勝てるかもしれないが、それは人々を苦しませるだけだという話である。これはたぶん、『勝海舟』を書いた子母澤寛の創作ではないかと推測しているが、政治家というのはそういうものかとも思った。

小説『勝海舟』が書かれたのは戦中から戦後にかけてだったという。最初のころは、「日本国のために」みたいな描写も多かったが、おそらく戦後に書かれたであろう無血開城のくだりは、かなりスタンスが変わっている。戦争が市井の人々にとってどういうものかという視点になっていた。「3度の飯」は、作者が戦時中に経験した空腹への恨みだろうか。

町田ゼルビアに佐野海舟というMFがいる。龍馬（字はいろいろ）という名前はわりとよくあるが、海舟ははじめて見た。19歳のセントラルMF、攻守にそつがない。東京ヴェルディの藤田譲瑠チマもそうだが、堂々とした若手がけっこう出てきている。

わりと会心の2－0だった。前半に田口泰士のFKが相手に当たってコースが変わりゴールイン。2分後の43分にGK新井章太のロングボールを山下敬大がおとし、川又堅碁がからんで米倉恒貴がゲット。あとは店じまいしたみたいに守って終了した。

これは勝つべくして勝ったゲームである。ただ、ジェフのプレーぶりに進歩があったかといえばそれはない。プレシーズンから用意してきた戦い方で結果が出たというだけだ。

山下と川又の2トップは、どちらも空中戦が強く、こぼれ球を拾う足もある。トップへのロングボールは攻撃の柱になっているのでFWの強さは重要だ。GK新井章太は利き足でない左足でも精度のあるボールを蹴る。ビルドアップは省略なので自陣でボールを奪われるリスクもない。そのかわりロングボールを多用する攻撃は単調だ。ゴールへのアプローチもサイドからのハイクロスが多い。こちらも単調になりがち。FWに高さがあるのでセカンドボールも含めてそれなりにチャンスにはなるが、やはりこの攻め手は偶然頼みというところは否めない。

これで2点とるには、クロスボールやセカンドボールの回収も含めて質を上げなければならないし、量を増やす必要もある。どうしたって数打てば当たる方式だから数を増やすことがカギになるわけだ。

ロングボールやハイクロスという、言ってしまえばアバウトな攻め方がメインになるなら、競り合いに強いFWだけでなくセカンドボールを拾うスペシャリストが必要になってきそうだ。こぼれ球を拾うのが上手い選手というと、俊敏で運動量の多いタイプが想像されるが、偶然性に賭けた攻撃で偶然を拾っていく選手にどういう資質があるのか、正直よくわからないところもある。

ボールの動きやそのときの状況から、予測が正確で早いタイプだろうとは思うが、予測して先に動くのでは外れる可能性もそれなりにありそうだ。偶発要素の高い状況だけに予測どおりにはいかないのではないか。

風間八宏さんの話だと「眼」なのかもしれない。

風間さんはサンフレッチェ広島でチームメートだったイワン・ハシェックに関して、「とても眼のいい選手で、セカンドボールを拾う能力が高かった」と言っていた。この場合の眼の良さは単純な視力ではなく、ボールの軌道を追う動体視力のことだろう。ハシェックは背が高くないのに空中戦も強かった。蹴られたボールがどこに落ちるかの見極めが早く正確で、先に落下点に入る能力があった。これについてハシェック自身は「生まれつき」と言っていた記憶がある。

運動量や予測もあるのだろうが、単純にボールの動きが人より「見える」という説は説得力があるように思える。セカンドボールへの反応の速さという点では、藤田俊哉も能力が高かった。たぶん藤田も眼がいいタイプだったのかもしれない。

偶然にみえるが実は必然。現在のジェフでそれは誰なのだろう。そういえば、ハシェックも藤田もジェフにいたことがあったんだけどね。まあ、こればっかりは継承できるものでもないか。

カテナチオ（第11節 3-0松本山雅）

「リベロとCBは試合中にスタンドにいる女性の品定めをしていたよ」

グランデ・インテルと呼ばれた1960年代のインテルでエースだったサンドロ・マッツォーラがこんなことを言っている。当時のインテルといえば「カテナチオ」の代名詞。堅守速攻のイメージがあるが、

「シーズンでカテナチオだったのは6試合ぐらい。あとは普通に攻撃していた」（マッツォーラ）

DFの中心2人が女の子を見ていられるほどヒマだったというのだから、そんなに攻められてなかったんでしょう。イタリア方面に詳しい人は「カテナッチョ」だと力説しているので、正しくはカテナチオではなくカテナッチョなのだろうが、カテナッチョでは少し軽くないか？　いや、日本語の語感なんだけども。ポテトチップス系のサクサクした感じが。

とりあえずここではカテナチオとしよう。元はフランス語の「ヴェルー」なので、カテナチオ自体が翻訳なのだ。カール・ラパンという選手がDFの背後で左右に動いてカバーする動きが「差し錠」に似ていることからそう呼ばれた。フランス語なのは、ラパンがプレーしていたのがスイスで、周知のとおりスイスは多言語の国。フランス語は公用語の1つである。

ラパンはスイス代表監督になって自らの役割を導入、英語で「ボルト・システム」と呼ばれたものがイタリアへ渡ってカテナチオになった。日本語だと「閂《かんぬき》」だ。

この閂という字がやたら恐い。ホラー映画のタイトルになりそう。まあ、それはともかくカテナチオはフリーバックとともにあった。リベロ、スイーパーと呼ばれるDFだ。現在はほぼないので、少なくとも1990年代にはイタリアでもカテナチオは絶滅したことになる。ただ、イタリアの堅守スタイルはその後もカテナチオと呼ばれてきたわけだ。

2020年のジェフのスタイルは広い意味での「カテナチオ」だろう。

ただ、カテナチオだから点がとれないわけではない。第11節の松本山雅戦は3－0だった。右サイドから矢田旭がニアポストの前へ入れたクロスボールに、佐藤寿人が飛び込み、つま先で触って先制したのが7分。GKの目の前に突然現れてコースを変えるゴールは佐藤寿人らしい。2点目はゲリアのロングスローを松本のDFが頭に当てて、ファーサイドへ流れたところを増嶋竜也がヘディングでねじ込む。3点目は矢田のFKから増嶋のヘッド。増嶋はヘディングで2ゴールだった。

この日のジェフはそんなに蹴らなかった。つないで裏、逆サイドと展開していた。手数としては多くないが形は悪くない。守備は安定、危なげなし。後半途中からサイドハーフも深く引いて6バック的にスペースを埋めきっていた。

75分には一気に4人を交代させて5－3－2へ。リードした終盤に5バックというのは、ユン・ジョンファン監督の常套手段だが、3－0でこれをやられると相手はゲンナリするだろう。

カテナチオの特徴は守備でリスクを負わないことだ。どう守ってもリスク・ゼロにはならないけれども、なるべくリスクを負わない。守備の要諦は10人のフィールドプレーヤーがコンパクトに固まっていることだ。そのコンパクトな状態を前方に置くか、後方かでリスクが違ってくる。当然、前方に置けばリスクはより大きい。ディフェンスラインの背後に大きなスペースがあるからだ。引いてしまえばラインの背後は10メートル程度しかスペースはない。5バックや6バックにしてしまえば、サイドも埋められる。ただ、そこまで守備を固めて、どうやって攻撃するのかは常に課題になるわけだ。

守備にある程度メドが立ってきたジェフにとっても、いかに攻撃するかである。このゲームでは、それまでのタテポンではなくビルドアップという次のステップが見えた。奪ったボールをつないで運んでいけるかどうかは、実は堅守型のチームにとってポイントである。

とりあえず、カテナチオで3－0なら上等だ。

安田大サーカス（第12節 2－1磐田）

ヨーロッパではUEFAチャンピオンズリーグの準々決勝。今季はコロナの影響でポルトガルでの集中開催となった。これ、たぶん来年も同じじゃないかね。そんなに早く感染は収まらない気がする。

4試合、それぞれ面白かったけど「うわー」と唸ったのがバイエルン・ミュンヘン対バルセロナ。8－2ですぜ、お客さん。バルセロナ、終わったな。いろんな意味でこれは終わった。バルサは負けるときは大敗する体質ではあるが、今回はメッシ・システムの終焉という意味で致命的な打撃だろう。

バルサは長い時間をかけて独自のスタイルを築き上げてきた。育成とトップが一体となって。その育成が生んだ最高傑作がリオネル・メッシで、メッシを核にしてクラブ史上最強の時代をジョゼップ・グアルディオラ監督のときに作り上げた。後任監督はそれぞれペップのバルサを継承していったわけだが、メッシの存在感がどんどん大きくなり、メッシにどっぷり依存するスタイルになった。自らのカンテラで育て上げた天才によって、自らのプレースタイルが侵食されるという思いがけない事態に陥っていた。

メッシがてんで守らない、いや彼にラッシュ（ドリブルで突っ込んでいくプレー）させるために守らせないという方針は、いろいろな歪を生じさせ、歴代監督はその都度修正をかけてもたせてきたわけだが、そのメッシ・システムの惰弱性をバイエルンは容赦なくついてきた。もともと引いて守って強いわけでないバルサが守勢に追い込まれ、メッシが守らないぶん10人で戦わなければならず、8失点という悪夢のような大惨敗に至った。

諸行無常の響きあり。どうすんだ、バルサ。というか、バイエルン強すぎ。

猛き者もついにはほろびぬ。ジュビロ磐田は2000年代初頭のスーパーチームだった。滅んではいないが現在はJ2だ。盛者必衰の理である。大して強者だったこともないジェフなので、「お前に言われたくない」と怒られそうだが。

堅守スタイルを目指すジェフにとって、攻撃のタレントが並ぶ磐田は胸を借りてどこまでやれるかのいい機会である。

磐田はMFの伊藤洋輝が下りて3枚回しでビルドアップ、守備ブロックには突っ込まずにU字のパス回しで側面攻撃を狙う。伊藤は長身で左利き、左足のロングパスは「モノが違うな」と思わせるものある。クロスボールのこぼれをルキアンに拾わせる攻撃は恐かったが、ジェフはしっかり守れていた。この日の新井一耀、チャン・ミンギュのCBコンビは空中戦に強い。鳥海晃司、増嶋竜也が出てもそこは強い。

磐田の攻撃は理にかなっている半面、サイドチェンジを多用するとミスが出やすい。フアン・エスナイデル監督下のジェフがそうだった。日本の選手で長いパスを精密機械みたいに蹴れる人はそんなにいないのだ。ヨーロッパから来た監督は、そのへんがよくわからないみたいだ。「蹴れよ」としか思っていないのかもしれない。伊藤が中盤に上がると、サイドチェンジの役割が他の選手に移り、やはりミス連発になっていた。

川又堅碁と山下敬大のコンビでカウンターから川又が先制。しかし、GK新井章太のキックを小川航基がブロックしてゴールイン、1－1となる。自陣でつなぐことに、まだそれほど慣れていないところが出てしまった。

34分、このゲームのハイライト。安田理大が80メートルぐらいドリブルで持って行ってカットインからシュート、ゴール！　上手いのは知っているけど、すげえ体力、すごい自信。興奮して思わず「犬の生活」のマッチレポートに「安田大サーカス」と書いたのだが、安田大サーカスって、お笑いトリオの名前なのね。いや、知っていたけど、昭和に流行ったサーカス団からとった芸名だと勘違いしていた。安田大サーカスというサーカス団はなくて、「木下大サーカス」だった。安田大サーカスでは、お笑いじゃないか。やっちまったが、もう遅い。ひとへに風の前の塵に同じということで。

2－1からは、おなじみのカテナチオ。71分にデフォルトの3枚替え、5バックへシフトしての専守防衛、閉店ガラガラ。いい感じで3連勝じゃありませんか。

翼を授ける（第13節 0－2長崎）

UEFAチャンピオンズリーグは準決勝。パリ・サンジェルマンとバイエルン・ミュンヘンがファイナルへ進んだ。

パリSGが対戦したRBライプツィヒは初のベスト4だった。ベスト8も初。ブンデスリーガで近年急速に強くなったチームである。RBはレッドブルの略。お馴染み、翼を授けてくれる飲料。ただ、ブンデスリーガの規則で親会社の企業名は入れられないので、「RBはRasen Ballspor（芝生球技）の略である」というアクロバティックな言い訳で通している。ジェフ・ユナイテッドの命名疑惑についてはすでに記したとおりで、何となく親近感が湧くRBライプツィヒである。

ユリアン・ナーゲルスマン監督、32歳のほとんど現役選手と変わらない年齢の若手監督だが、腕前は相当のようだ。プレスがはまらないと見るや、あっという間にプレスのやり方を変えていた。指示するだけなら簡単だが、それを即座に実行できるレベルに選手を鍛え上げていることが凄い。日本代表の森保一監督なんか、指示も出さないからね。まあ、あれは選手の対応力を伸ばそうという配慮なのかもしれないが、それは上手くいかないと思うよ。

オシムさんも、選手にフォーメーションを変えさせる練習をしていたが、オシム監督はマンツーマンだからね。マークを噛み合わせて1人余ればオーケーだから。そもそも日本人は自分がアイデアを出して、初期プランを変更することに慣れていない。

ベルギーに行ったときに、高校生男子が軒並みヒゲだったのに驚いたことがある。あっちもこっちもヒゲ。日本の高校生にヒゲはまずいない。校則はあるかもしれないが、法律でダメということはない。でも、ヒゲはいない。「さすがに個が強い欧州ですね」という話になりそうだが、実はそうではない。流行りに乗っかっているだけなのは、日本の高校生と同じなのだ。ベルギーの高校生の個が強いわけではない。ただ違うのは周囲の目だ。日本だと「なんだ、そのヒゲは！」と親が言い出す、教師は問答無用で「剃れ」だろう。ベルギーだと、「べつに好きにすれば」なんだと思う。同調圧力が低い。ベルギー高校生のヒゲは流行りだから同調しているだけなのだが、何かヘンなことをやり出しても周囲のプレッシャーが少ない。

日本はそういう環境ではない。サッカー選手だけが異なる環境で育ってきたわけでもない。フィールド上では選手の判断が第一で、システムや作戦の変更だってアリという理屈はわかっていても、失敗するかもするかもしれない重大な判断を1人の選手が行い、チーム全体に広げるという作業ができるのは限られた選手だけだろう。

RBライプツィヒだって、監督の指示でやっている。外で全体を見ている監督のほうが信頼できるアイデアを出してくるだろうし、責任をとる立場でもある。選手の育成をやる場でもない。日本なら、なおさら変更の指示は監督が出さなければダメだと思うよ。翼を授けてあげないと。

好調のV・ファーレン長崎、パススピードもテンポもひと味違った。ビルドアップも用意周到。後方ビルドアップは3バック+アンカーでパスを回す。4-4-2のジェフの2トップに対して4人だから追いきれない。ジェフはハイプレス型ではないので、ここで奪えなくても構わないのだが、自陣側もつかまえにくい。長崎のフォーメーションは3-1-5-1で、ジェフのMF4人の間に3人が入り込んでいる。2トップで制御できず、ブロック内でも捕まえにくい。前半に2点を失ったところで勝負ありだった。

前線のプレスのやり方を変えれば何とかなったかもしれないが、ジェフはRBライプツィヒではない。ひたすら4-4-2のブロック守備を学んでいるところなのだ。5バックの専守防衛もあるけれども、0-2でそれをやっても意味がない。授ける翼がなかった。

このゲームに関しては完全に力負けである。ジェフがチーム力を上げ、もっといろいろなことができるようにならないと力関係は変わらない。もちろん試合の流れによっては勝つチャンスはあるが、この日はどうにもならなかった。戦列復帰したクレーベがいいプレーぶりだったのが不幸中の幸いか。

早すぎた閉店（第14節　1－2徳島）

浜松市で気温41・1度を観測。国内記録だった熊谷市に並ぶ最高気温らしい。もうあれだな、日本は東南アジアになったんだな。夏はサッカーやっちゃダメだ。

高校総体とか、中高生の大会は夏が多い。昔から疑問だった。サッカーやる気候じゃない。危ないよ。

もうずいぶん前の話だが、夏場に遠征に来ている名門高校サッカー部を見に行ったとき、駐車しているバスの中で選手たちが昼寝していた。その光景が忘れられない。補助席も使って選手が横になって寝ていたのだが、よく見ると通路にも縦になって寝ている列があった。二段ベッド方式なのだが、日陰といってもクソ暑い中、クーラーもかけずに縦横に交差して寝ている様子は東南アジアの路地裏みたいだった。

徳島ヴォルティスはJ2で最も完成度の高いチームだ。

選手は毎年けっこう入れ替わっていて、しかも主力を引き抜かれているのだが、クオリティが落ちない。プレースタイルも一貫している。いわゆるポジショナル・プレーなのだが、こなれているのでぎこちなさがない。今季はアタッカーに小柄な選手が多い。技巧的で俊敏な特徴が生きている。西谷和希や渡井理己は、上手いけれども体格面で厳しいかなと思われそうなタイプで、この手の選手は日本には多いんじゃないかと思うわけだが、彼らが活躍できる「場」が徳島では用意されている。大黒柱の岩尾憲は攻守万能型だが、ボランチとしてフィジカル・エリートという感じはない。遠藤保仁みたいなタイプ。こちらも日本にはけっこういる。このタイプも徳島には居場所がある。

リカルド・ロドリゲス監督はスペイン人だが、日本のともすれば埋もれてしまいがちな才能を生かしている。戦術を仕込むだけでなく、人材とマッチしたのは大きかったのではないか。

好調ジェフが徳島を迎えてどのぐらいやれるかと思っていたが、前半のロスタイムに先制した。田口泰士の絶妙のクロスボールを船山貴之がヘッドで合わせてゲット。ボール支配は徳島だが、ずっと探りを入れている雰囲気でブロックの中へ入ってこない。ハイプレスも予想していたほどではなく、ジェフはけっこうパスもつなげていた。

後半も、徳島のエンジンがかからない。決定機は2つあったが、GK新井章太がスーパーセーブで防いだ。確かに押されてはいるけれども、これはこれでジェフのペース。新井が1、2点救ってくれるのもお約束。

ターニングポイントはたぶん70分だろう。ユン・ジョンファン監督は2人を交代させ、5－4－1の守備固めに入った。このところ恒例化している閉店ガラガラ作戦だが、ロスタイム合わせるとまだ25分間はたっぷりある。5－4－1に守備耐性はあるものの、攻撃はほとんどできない。5分や10分ならともかく、ちょっと早すぎる気がした。ただ、これで1点を守り切れれば自信にはなる。

しかし、5バックにしてわずか2分で失点した。徳島の小柄なアタッカーの中で唯一大きい垣田裕暉のゴール。鹿島アントラーズから貸し出されている若手ストライカーだ。大きくて強いだけでなく機動力がある。

同点になってしまったので、閉店プランは中途半端なものに。ジェフも頑張って攻めるが、そうすると守備のバランスが怪しくなる。攻撃しつつ守備というのにはシステム的に向いていない。ただ、何とか90分までは1－1のまま推移。ドローならまあいいかと思ったが、94分にCKから失点してしまった。ちょっと前にもあったな、同じような失点。

負けは残念だが、徳島を相手にいいプレーはできていた。やっぱり少し閉店が早かったか。

バイエルンとエスナイデル（第15節 2-3北九州）

安倍晋三首相が辞意表明。河合前法相夫妻が公職選挙法違反で起訴され、初公判が行われる。東京の感染者数は100人。大坂なおみが米国の黒人への銃撃事件に抗議して、W&Sオープン準決勝を棄権（その後、準決勝の開催を見合わせ、順延されたので参加）。大坂さんの人種差別への抗議行動にいろいろ文句を言う人もいるようだが、立派だと思うよ。何に文句があるのかよくわからん。

UEFAチャンピオンズリーグ決勝はバイエルン・ミュンヘンがパリ・サンジェルマンを下して優勝。やっぱ強いわ。プレー強度という点はリバプールと似ているけど、バイエルンのほうが丁寧だな。ファン・エスナイデル監督がジェフでやりたかったのは、これだったんだなと思う。

チアゴ・アルカンタラをアンカーに置いて、後方では丁寧にボールを確保。そこからは両翼へ長いパスを送る。ほとんど中央部は使わない。ウイングへボールが入った時点で、バイエルンの選手は全員がボールより後方にいるので、ボールを失っても守備は厚い。ウイングが縦を切って中央部へのパスを誘導すると、そこにはMFとプレスバックするFWで素早く挟み撃ち。フィールド中央で奪えるので、ハーフカウンターが有効になる。逆に、相手にここで奪われたくないからバイエルンは丁寧なビルドアップとサイド攻撃なのだ。

エスナイデル監督のとき、もう少し中央を使ってもいいんじゃないかと感じたが、中央はサイドチェンジの経由地点にすぎなかった。理由はバイエルンと同じだろう。完成度は雲泥の差とはいえ、方向性としてはこれだったんだなとバイエルンを見て思い出した。

第15節の相手はギラヴァンツ北九州。ご存知、小林伸二監督が就任して好調を維持している。J3から昇格したばかりなので、まさか首位争いをするとは予想していなかった。

大胆にパスをつないでくるチームだ。Ｊ３ではそれで強豪だったかもしれないが、Ｊ２ではどうかと思っていたが普通に通用している。若い選手は、いろいろ足りないところもあるのだろうが、パスをつなぐことにかけてはけっこう上手いし、そういうサッカーが好きで慣れてもいる。その長所を生かしている。というか、他のやり方したらそんなに強くないかもしれない。

15分間はジェフが格上感を出していて、16分にはクレーベが先制。しかし、飲水タイム後に流れは一変。約10分間に3点叩き込まれた。北九州、パスも上手いがシュートが正確。大外れするキックがほとんどない。下隅を狙うという意識がしっかりあるみたいだった。

後半はクレーベ、山下敬大の高さを使って攻撃したが、クレーベのＰＫによる１点のみ。２－３で敗れた。プレーぶりは悪くなかったが、立て続けに喫した3失点が痛かった。

9

2020 SEPTEMBER

365歩のマッチアップ

ケア・テイカーの逆襲（第16節　2－2福岡）

監督が辞任あるいは解任されて空席になったとき、一時的に暫定監督となる人を英語だと「ケア・テイカー」という。

ジェフのケア・テイカーといえば江尻篤彦さんだった。チームのOBで長年いろいろな形で仕事をしてきたミスター・ジェフともいえる存在。アレックス・ミラーの後とファン・エスナイデルの後に監督を務めた。

レアル・マドリーではビセンテ・デルボスケがこれの代表だったが、三度目くらいに監督として成功してそのまま「銀河系」のチームを率い、退任後はスペイン代表監督になった。UEFAチャンピオンズリーグを二度優勝し、ワールドカップ、ユーロまで優勝する大監督になったのだから人生わからないものだ。

現在、バイエルン・ミュンヘンを率いているハンス＝ディーター・フリック監督もこのパターンである。マルセイユにはジョゼ・アニゴという人がいたが、こちらはそこまで実績を残していない。バルセロナなら、カルレス・レシャックがこの役回りだった。

ヨハン・クライフ監督の右腕として活躍し、監督も務めた。強化部長のときはリオネル・メッシを発掘している。

前節から中3日、アビスパ福岡をホームに迎える。長谷部茂利監督は暫定的にジェフの指揮を執ったことがある。関塚隆監督を解任した後のケア・テイカーだった。シーズンが終了するとファン・エスナイデル新監督が来たので数か月間でお役御免となっている。

アビスパ福岡は、あのときのジェフの延長線上にあるチームとみていいかもしれない。ジェフ時代の長谷部監督は4－4－2のオーソドックスなスタイルで、ジェフとすれば久々に守備の基本を指導してくれた監督だった。長谷部→ユン・ジョンファンだったら、継続性もあり移行もスムーズだったんじゃないかと思う。エスナイデル監督は面白かったけれども、志向するスタイルがその前とも後ともつながっていない。

このところのジェフはビルドアップの割合が増えてきている。自陣からはとにかくロングボールだった今季のはじめとは違ってきた。MFに堀米勇輝、船山貴之、田口泰士、小島秀仁を起用したせいもあって、パスワークに安定感はあった。なんだ、ちゃんと回せるじゃん。25分で飲水タイムとなったが、ボールポゼッションは何と63%。いや、そんなに要りませんて。

7分に先制されたが、42分にFKからゲリアがヘディングシュートを決めて1－1、後半に入ってまたもFKをきっかけに山下敬大、船山を経由して、堀米のクロスを新井一耀のヘッド一発。セットプレーからヘディング二発で逆転した。

しかし好事魔多しで、クレーベが負傷退場。すでに川又堅碁が負傷離脱しているので、FWの台所事情が苦しくなりそう。クレーベは調子を上げていただけに二重に痛い。

福岡に「間」をとられてのピンチもあったが、米倉恒貴、山下、船山の3トップにして勝負をかけてゴールに迫る。ところが、またロスタイムに決められてドローになってしまった。終了間際に失点する癖が治らない。戦い方が少し攻撃的になる中、ホームで突き放しにいったのが裏目に出たか。

相変わらず（第17節 0－2京都）

安倍晋三首相が辞任したので、自民党は次期総裁（＝総理大臣）を選ぶことになったのだが、どうも党員投票はないらしい。テレビのワイドショーの分析によると、党員投票をやったところで菅義偉官房長官が首相になるのは決定的だという。派閥の思惑で事が決まるのだと。菅氏は自分の派閥がないから総理になったところで各方面に気を遣うことになるんだろう。

しかし、総裁候補もキャスティングボードを握っている連中も、そろってジジイばっかりなのはどういうわけなのか？　しかもそろって小物感。昔のほうが悪党ヅラの政治家も大物感があった気がするのは、自分がトシを食ったせいだろうか。まあ、どのみち米国のポチをちゃんとやれる奴じゃないと、怖くて首相にはできないのだろう。日本の政治は相変わらず。

中2日ということで、京都サンガ戦はフィールドプレーヤー総入れ替え。20分で熊谷アンドリューが負傷交代。たぶん肉離れ。今季は田口泰士とともに盤石のボランチを組むと思っていたが上手くいかんものだ。

結果は0－2、最初の失点はミスがらみ。下平匠がGK新井章太へバックパスしたのを新井が下平へつなぎ、下平が2人に寄せられて奪われ、ピーター・ウタカに決められた。この失点は今季のジェフらしくない。少しはビルドアップしていこうという方針に変わってきたみたいで、それも関係があるかもしれない。以前は、バックパスした選手に新井がボールを戻すことはなく、そもそも全部ロングキックだった。2失点目は前半のロスタイム、またロスタイム。これはもう癖なのかね。

0-2になってしまうとジェフの狙っているようなスタイルでは戦えない。攻めるしかない。米倉恒貴、川又堅碁、アラン・ピニェイロ、工藤浩平の4トップに近い形で攻めるが、やはりハイクロス頼みの単調さは抜けず、そのままタイムアップとなった。

ジェフも進歩がないというか、相変わらずである。

これはマズイ（第18節 1-3新潟）

俳優の伊勢谷友介が大麻取締法違反の容疑で逮捕というニュース。芸能人が薬物で逮捕というのは珍しくもないが、大元の犯罪組織を壊滅させたというニュースを聞いたことがない。

薬物使用は、言ってしまえば本人の問題にすぎない。違法は違法だが、ニュースにするほどのことではないと思っている。実際、たいした刑罰にもならないはずだ。問題は売っているほうの連中であり、そこをぶっ潰したのならニュースでもいいが。芸能人が逮捕されましたというニュースを聞くたびに、「それだけ?」と思ってしまう。

それ以上にバカらしいのが芸能人の不倫報道というやつ。あれこそ本人たちの問題で違法性も何もなく、正直どうでもいい(笑)。テレビを見ている人も大方どうでもいいんじゃないだろうか。私生活も芸のうちなのかもしれないが、それにしては世間のバッシングがすさまじすぎる。

はっきり言って緩んでいる。すでに兆候は出ていたわけだが、この試合ではっきりした。これはリセットしないとダメだろう。3失点はミスがらみだった。技術的なミス、判断のミス、どちらもあった。一番まずいのは頭の中が揃っていないことだ。

ここ数試合のジェフは自陣からビルドアップするようになった。これ自体は必要な変化だと思う。引いて守るチームほど、そこからパスをつないで押し返すことがポイントになる。自陣深くからのカウンターのチャンスはそんなにない。ある程度押し返し、そこで奪われてもミドルゾーンで守備をして奪えばカウンターの機会が増える。また引くことになっても構わないが、引きっぱなしはよろしくない。

だからビルドアップの割合を増やすことは正解。ただ、問題はジェフがそのための仕組みを持っていないことだ。いわゆるポジショナル・プレーはないし、シンプルな形状変化すらない。形状変化なしでパスを回せるほど個々の技術が高いわけでもない。漫然とつなごうとしてもミスが増えるだけなのだ。

サッカーはいってみればミスのゲーム。誰もがミスをし、どの試合でもミスはたくさんある。失点につながったミスは教訓だが、同じミスを繰り返さないように注意するのは無駄である。同じ状況はまず二度とないからだ。同じミスをしないことは重要ではなく、ミスが起こっている原因を直さないと違うミスを繰り返すだけになる。

この試合のジェフには鋭敏さが欠けていた。チームとしてどうプレーするかの判断が曖昧になっている、タガが緩んでいる状態に見えた。頭の中が揃っていない。

仕組みがないのにつなごうとすると、個々の判断に委ねられる。仕組みがあれば、その瞬間にどうプレーすべきか、誰がどこにいるか、判断を助けてくれる材料があるが、それがないと判断が遅れる。遅れると周囲と合わなくなる。迷うことが多くなり、鋭敏さに欠ける。

ここはリセットしたほうがいい。失点は1点に抑える。先制されても焦らず、2点目をとられない戦い方に徹する。自陣でのリスクは避ける。0－1で終わっても仕方ないぐらいの腹のくくり方でいいかと。そのうえでセカンドボールをどう拾うか。ステップアップは必要だが、その踏み出し方を間違ったのではないか。

リセットできました（第19節 2－0愛媛）

9月になって有名人のコロナ感染のニュースが増えた気がする。パリ・サンジェルマンの数人（たぶんネイマール含む）、おぎやはぎの矢作兼、杉浦太陽、ミルクボーイ内海崇、阪神タイガース7人、玉ノ井部屋19人……。

飛行機の乗客がマスク着用を拒否したので緊急着陸というニュースも。そんなにマスク嫌だったのか。

検査をすれば陽性の人も増える、重症者が増えなければいいという意見もあるが、感染者が増えれば普通に重症者は増えるよね。少し前の感染者数は実際にはもっと多かったに違いない。今が増えているのかそうでもないのかはわからないが、感染者を減らさないといけないことは確実だ。それには人同士の接触をなくせばいいのだろうが、そうもいかないから感染者の隔離になるわけだ。しかし、あんまり検査すると医療に負担がかかるという。

ただ、1回リセットしないかぎり、必ずどこかのタイミングで増えていくはず。もうそのタイミングは逃してしまったのかもしれないけれども。

ジェフはリセットできたみたいだ。

3分に川又堅碁が先制。引くところ、前へ出てプレスするところ、ロングボール後のセカンドを拾うこと、意思統一もできているように見えた。44分にも川又がPKを決めて2－0とリードして折り返す。後半はカウンターをちらつかせながら無失点で終えることができた。

まあ、元に戻っただけではあるけれども、戻るところがあっただけでも良かった。

前節から7人入れ替え。ユン・ジョンファン監督はメンバーの固定化を示唆していたので、このメンバーが軸になっていくのだろう。2トップの山下敬大と川又は、ロングボールのターゲットが2つ作れて、どちらもセカンドを拾う走力もあるので、このコンビがファーストチョイスになりそう。左SHの為田大貴は馬力があって突破力もあり、現在の戦術向き。右を誰にするかは微妙な感じだが、この試合は矢田旭が先発だった。セットプレーを考えると、キックのいい堀米勇輝は貴重だが守備にやや不安がある。

ボランチは田口泰士が出場停止なので、小島秀仁と見木友哉のコンビ。どちらもいい出来だった。そうはいっても田口は鉄板なので、パートナーがどちらになるか。本来は熊谷アンドリューなのだろうが負傷離脱中。

右SB本村武揚も活躍した。ここはゲリアとのポジション争いだろう。CBは鳥海晃司とチャン・ミンギュが先発。CBは新井一耀、増嶋竜也もいるので層は厚い。GK新井章太はケガでもしないかぎり変わらなさそう。安田理大は監督のサッカーをよく理解していて、技術も高くコンディションも良さそうである。

今季、ユン体制になってから加入したGK（新井）、CB（チャン）、MF（田口）、FW（山下）が軸になっていて、そこへ従来のメンバーを加える形が戦術的な意思統一もしやすいのではないか。

ただ、繰り返すが元に戻っただけなのだ。今季はあれだな、三歩進んで二歩下がる方式なんだろうな。

差別はあるよ、普通に（第20節 2-1岡山）

大坂なおみが全米オープン優勝。すげーな、世界のトップだよ。

大坂はマスクに亡くなった黒人たちの名前を入れていた。人種差別に対する抗議なのだが、これに対して「日本に人種差別はない」という反応があったという。

差別はあるよ、普通に。気がついていないかもしれないが。人種だけでなく、あらゆる差別が世界中にある。

子供のころを思い出すと、そりゃあもう酷いもんだった。小学校の同じクラスの女の子は「ガイジン」と呼ばれていた。顔が白人系の外国人っぽかったんだな。「コジキ」と呼ばれている男の子もいた。そいつは多少貧乏くさい風体ではあったんだが、家が貧しいわけではなく、もちろん貧しいことをバカにされるいわれもない。ただ、それ以上に酷いのが苗字の頭が「コ」だったのが原因ということ。もう、たんなる思いつきによる迫害である。

子供は放っておけば平気で差別する。意地悪をする。だから教育が絶対的に必要で、それでもなお大人になっても差別する人はたくさんいる。意識するしないは別にして。そうなると、差別される側は闘うほかない。声を上げなければ何も変わらないからだ。で、そのときになって、「何で、そんなにムキになってんの?」という人が必ず出てくる。あげくに「差別などない」と言い出す人も。無症状の感染者みたいなもので自覚がない。

私はクラスメイトの女の子を「ガイジン」と呼んだ記憶はないが、「ネモチン」とは呼んでいた。ほぼクラス中がそう呼んでいた。苗字が「根本」だったからだが、よく考えたら「ネモチン」はその子の兄貴のあだ名なのだ。もしかしたら、本人は嫌だったかもしれない。

第20節はファジアーノ岡山戦。川又堅碁が2分で先制、前節に続いて仕事が早いわ。矢田旭からニアゾーン侵入の山下、そしてラストパス。崩しも完璧だった。14分に安田理大のクロスを鳥海晃司が右足で合わせて2点目。岡山の追撃を1点に抑えた。

本村武揚が良かった。ＳＢらしい落ち着きというか、賢さを感じる。そういえば町田の「海舟」を取り上げておきながら、ジェフの「武揚」に触れなかったのは迂闊であった。榎本武揚ね。同じチームだったら、幕末幕臣コンビと呼ばれるのかな。

量と質（第21節 1－2山口）

レノファ山口は好感度高さそうなチームなのだが、なかなか勝てていない。池上丈二、ル・クラスィク（パリ・サンジェルマン対マルセイユ）で、ネイマールが酒井宏樹を「中国人！」と罵ったという。これはまた小学生並みの差別発言だな。ある意味罪がない（笑）。酒井が日本人なのは、ネイマールは知っているはずだ。これまで何回も対戦してきた。それなのに「中国人」は、酒井よりも中国人に謝らなくてはいけないんじゃないか？　もう、どこに向かって弾を撃っているのかよくわからない。ツッコミどころが多すぎる。

高井和馬がいて、元ジェフの佐藤健太郎もいる。テクニックはあるのだが、デュエルが弱いのが惜しい。プレスにあまり迫力がない感じだった。

一方、ジェフも相変わらず攻撃がパッとしない。攻防は一進一退ながら、山口に2点とられてジェフは終了間際の船山貴之の1点のみ。ロングボール、ハイクロスを主体としたジェフのアプローチに迫力はあっても確実性が薄い。山口はフィニッシュまでは難しいが、崩せれば決定機になる。その差が出たともいえる。いってみればジェフの攻撃は量、山口は質。

ジェフは量を増やすべきだが、やはりどうしても質は必要。ただ、今季はもう無理だと思っている。過密日程すぎて、何かを積み上げるのは難しいだろう。

相性しだい（第22節 1－0琉球）

J2も折り返し地点を過ぎた。開幕戦の相手だったFC琉球を相手に1－0、開幕と同じスコアだ。ただ、内容は多少違う。守備一辺倒だった開幕戦よりも、ある程度ボールも握れていたし、相手のビルドアップへの対応もできていた。

相手の3枚回しのビルドアップに対して、場合によってはSHが前に出ていく守備をしていた。これがないと、ボールの出口を制御できなくなるので、けっこう重要だ。ボール保持型のチームに対しては、ある程度いいゲームができる。勝てるとはかぎらないが、徳島が相手でも試合にはなっていた。ただ、自分たちでボールを保持して主導権を握れない以上、どうしても結果が相性に左右されやすい。この状態からいかに脱するか。残り半分で糸口は見えてくるのだろうか。

低いところでの安定（第23節 0-0京都）

ユーチューブでたまたま見つけた「デューケンス・ホイッスル」というボブ・ディランの曲。以前、ノーベル文学賞を受賞していたけど、ちょっと納得した。

テレビは「半沢直樹」が最終回だった。顔芸大会になっていたが、そういうものだと思って観れば面白い。

女優の竹内結子さんが自殺。三浦春馬のときも思ったが、「え？」という唐突感。テレビや映画でよく見る役者さんたちだが、もちろん個人的にどういう人なのか、どういう事情を抱えていたのかは全く知らない。ただ、仕事も充実していそうで才色兼備、何一つ不自由なさそうな人が自死を選んだという事実から見えるのは、ただ闇だけである。自殺報道は後追いにつながるので自粛傾向だという。一瞬でも自分の心の中にある闇に目を向けさせるのは、確かに危険がありそうだ。

京都サンガ戦はスコアレスドロー。メンバーも固定されてきて、プレーも安定してきた。安定はしているが進歩は緩い。低いところでの安定だ。それでもパスワークのテンポは良くなってきた。

10

2020 OCTOBER

忘れる力

相性が悪い（第24節 0－1群馬）

日本学術会議が推薦した105人中、菅首相が6人の任命を拒否した。最初、何のことかわからないニュースだったが、どうも任命というのは形式上の手続きであって、事実上は首相が拒否はできないらしい。内閣総理大臣を天皇が任命するというのと似ている。

また、学問の成果が推薦理由なので、除外するなら学問上の理由が必要になるのだが、首相にそれを説明できるとは思えない。要は「気に入らないから外した」と。法律にホンネとタテマエがあって、政府も「気に入らないから」というホンネは言えない。そういうわけで互いに当たらないジャブを出し合っている感。なんか陰険（笑）。これ、どっちもホンネで言い合ったらどうなるのかね。「権力にタテついて気に入らねーんだよ！」「頭悪い癖に学者様に文句つけんじゃねえ」ってこと？

ザスパクサツ群馬戦、スコアは0－1だったが「1点差ですんだ」という内容だった。

簡単にいえば相性が悪い。今季のジェフは相手の強弱よりも相性しだいだ。

群馬の先制点&決勝点が19分。それまではジェフのペースだったが、それ以降は群馬のリズムが続き、終盤に放り込みで押し込んだだけ。

得意の空中戦で劣勢だったのが致命的だった。ジュフにしては珍しいぐらい勝てず。群馬はジェフにボールを持たせ、前がかりにさせてのカウンター狙い。相性的には最悪で、攻撃のメインである空中戦を封じられたのでなおさら勝ち目が薄くなった。

空中戦の迎撃に自信があれば、ジェフにボールを持たせてカウンターでいい。押し込めたときはハイプレスすれば、そんなにつなげないのでそれでもチャンスは作れる。対策は簡単といえば簡単。ただ、DFの空中戦耐性があるかないかにかかってくるが、群馬にはそれがあったわけだ。

振り返らないほうがいい（第25節 1-5水戸）

朝から少し寒気がしたが、昼すぎに体温を計ってみたら37・8度あった。それから上がったり下がったり。うん？　コロナか。いきなり高熱にならないのが怪しい。息子が在宅勤務しているのだが、来週には出社しなければいけないという話。そういうわけでコロナの検査キットを申し込んだ。陽性なら2週間の隔離だ。

第25節の水戸ホーリーホック戦は1－5。これはもう振り返ってはいけない類の大敗だった。振り返っても意味がない。忘れるのが一番という試合である。

前半に3失点した時点で勝負あり。雨の影響でやや不運な失点もあったが、今季のジェフは0－2になったらやれることがない。守備からの攻撃はできても、攻撃を主にした守備はできないので2点差になったらいいプレーはできないのだ。

すぐにどうこうできる問題ではなく、中3日で次の試合が待っているので、忘れてしまうのが一番としかいいようがない。ただ、そうはいってもショッキングな負け方なので引きずらないか心配だ。

保健所とスコアレスドロー（第26節 0-0大宮）

検査キットがまだ来ないので、推定有罪で家ではコロナ感染者扱いとあいなった。ミーティングはリモートにしてもらう。パソコンに話しかけていると、だいたいネコが寄ってきて参加したがるのはなぜだろう。

熱は上がったり下がったり。保健所に相談してみたら、帰国者か、あるいは陽性者に濃厚接触したかの確認をされて、どちらでもないと答えたら「医者行けば？」みたいなアドバイスのみだった。コロナ疑いを診てくれる病院を紹介してほしいと言ったら、「教えられない」と言われ、病院の検索サイトを検索してみるように勧められた。依然として帰国者接触者が対象なのだと知った。世の中、とっくに市中感染しているのではないのか？

大宮アルディージャは優勝候補と思っていたのだが、意外に苦戦中。前回対戦ではジェフにボールを持たせるという、ちょっと嫌らしい対策をしてきたが、今回はわりと普通に攻めてきた。

ジェフは大宮の3枚回しに対してはは対応できていた。こういうのは定石があるので、そう混乱はしなくなっている。どちらも決め手なくスコアレスドロー。熊谷アンドリューも復帰して現状のベストメンバーだった。前節で5失点した影響はあまり感じない。さすがにプロです。

鬼滅とスコアレスドロー（第27節 0-0町田）

熱が下がってきたので病院へ。「副鼻腔炎かな?」という診断結果。検査キットは今朝届いたので送る。すごく簡単だった。

このところは熱が下がれば仕事、上がれば休むという生活だったので、休みモードのときに映画でも観るかと思い立ち、「インターステラー」と「インセプション」を立て続けに観る。どちらもクリストファー・ノーラン監督。この監督はスタイルがある。「インターステラー」はキューブリックの「2001年宇宙の旅」と似ているという人もいるが、全然違うと思った。ノーランにキューブリックのドライさはない。良くも悪くも。ついでに人気沸騰の「鬼滅の刃」。実は少し前にトライしたが、すぐに挫折していた。改めて見直したら、だんだん面白くなってきたから不思議。アニメは柱と呼ばれるキャラクターが出てきて間もなく終了なのだが、たぶん面白くなるのはここからなのだろう。里見八犬伝みたいな感じ。キャラがいっぱい出てくる伝奇的な戦記物で、伏線がいろいろ張ってある。どう回収するのかは知らないけど。

町田ゼルビア戦は再びのスコアレスドロー。無失点が続いたのは悪くない。ジェフのやり方からして、0－0のほうが3－3より安心感はある。ビルドアップも少し良くなったが、やはり攻め手が足りない。10分に田口泰士が肩を痛めて交代。熊谷アンドリューが復帰したら今度は田口か。田口の離脱は痛いな。

鳥海晃司とチャン・ミンギュのコンビはかなり安定感が出てきた。若いCBなので経験を積むうちにさらに成長していくだろう。かつての山口智なんかと比べると、柱と炭治郎みたいなものだが、成長過程を見られるほうがファンにとっては楽しみが多いのだ。

ナイスゲーム（第28節 2-0金沢）

簡易キットの結果は陰性。体調はすでに回復したので佐原へプチ観光に行く。といっても、とくに見るところもなく、昼食のうなぎがメイン。重いわ(笑)、トシかな。雨も降っていて平日なので空いていたが、それでも観光客はちらほら。ＧｏＴｏトラベルはすでに東京発着もオーケーになっている。東京だけはやめといたほうが良かったんじゃないか。

2試合連続ドローの後、2-0で快勝。ナイスゲームだった。毎回これぐらいやれるといいんだけどね。

前半ロスタイムに山下敬大が先制、83分に高橋壱晟が追加点。ツエーゲン金沢の攻撃をシャットアウトできた。山下は得点も見事だったが、ハードワークが素晴らしい。ボランチが攻めて穴が開いたらすかさずカバーするし、ロングボールは競り続けてくれる。

2点目がよかった。見木友哉が奪って、船山貴之につけてスプリントで追い越す。船山のパスをボックス内で受けてプルバック、そこへ高橋が来ていてゲット。高橋は得点力があるボランチなのだ。この試合では熊谷アンドリューがいつになく攻め上がっていたが、後方からの積極的な飛び出しは見ていて元気が出る。山下みたいなFWがいれば、一時的にポジションも埋めてくれるから、どんどんやったほうがいいんじゃないか。小島秀仁も展開力を発揮、ボランチが全体にいい仕事ぶりだった。

金沢はわりと普通に攻めてきてくれるし、同じ4－4－2のミラーゲームでやりにくさもなかったのだろう。これで琉球に続いて金沢にも2勝したことになる。ただ、やっぱり相性しだいの感はある。

フワッとしてたらダメだよね（第29節 0－1福岡）

菅首相が所信表明。コロナ対策と経済を両立させると明言した。できればいいけどね。難しいんじゃないでしょうか。五輪開催の決意も示したそうだが、それもできればいいけどね。

ジェフの新シーズンの所信表明もそうなんだが、こういう具体性があまりない希望込みみたいなのは、たいがい実現しないことを我々は骨身に染みて知っているのだよ。感染症対策と経済はトレードオフの関係だ。守備的にやれば点はとれないし、攻撃に傾けば失点する。その現実を知ったうえでどうするのか。そこを言わないとね。どっちも頑張りますというのは、一番信用しちゃいけないやつなんだな。

絶好調のアビスパ福岡だが、そんなに強い感じはなかった。ただ、1枚上なのは確か。攻守にスピードがあって、ジェフはつなげないし守備も後手になっていた。為田大貴と熊谷アンドリュー以外は、相手の寄せの速さに戸惑っている感じだった。

ジェフが悪かったというより、これも相性が悪かった。相性の悪い相手が多すぎるぜ。なんでもかんでも勝てとは言わんが、来季はもう少し苦手を少なくしないといかんな。失点1に抑えたのだからプラン的には悪くない。ゼロに抑えなければ負けるというのでは戦術として成立してないわけで。ということは、せめて1点、できれば2点をどうとるのか。その方法がロングボール、ハイクロス、セットプレーしかないところが目下の問題である。

ただ、問題が明確なだけいい。何が問題なのかわからないというのが一番よくない。守備も攻撃も頑張ります的な、フワッとしたチーム作りになっていないだけマシというものだ。

11

2020 NOVEMBER

もう寝るランド

僅差負け（第30節　2－3岡山）

大阪都構想の是非を問う選挙、僅差で否決になる。自民党の憲法改正みたいな党の悲願だから、維新はまだ諦めないのだろう。ただ、これ今やる必要あったのかな。

ファジアーノ岡山とのアウェイゲームは2－3で敗戦。僅差だが、僅差にしてはいけないゲームだった。2回もリードしているのに追いつかれ、さらにロスタイムで逆転されたのはいただけない。堅守を目指しているのに3失点というのがまずダメだ。そして試合のコントロールができない。こちらはもう、ボールをつなげないことが大きい。

ビルドアップができないとラインを上げられない。相手をゴールから遠ざけることができない。この件は以前にも何度か触れたので繰り返しになってしまうが、ジェフはほぼ形状変化を使わないので、ＳＢがプレッシャーにさらされやすいのだ。そこからロングボールを蹴る余裕があればまだいいのだが、それすらないぐらい寄せられると万事休すになる。ＳＢがボールを持つ位置が低すぎる。川崎フロンターレのように形状変化なしでもつなげるチームもあるが、ジェフにはあんな技術はないわけで。

もう1つは、守備が引き込む形しかないこと。とりあえずロングボールで陣地を回復し、そこでハイプレス、ミドルプレスで守る形があればいいのだが、それがないからペースを握れない。ビルドアップができたとしても、それがなければ結局は引き込むしかなくなるので、リードしても試合のコントロールができずに、ただ耐えるだけになってしまうわけだ。

山下敬大のゴールで先制、ＰＫを与えて追いつかれたが、高橋壱晟のゴールで再びリード。ここまでは良かった。ところが、そこから攻め込まれて下がりすぎて同点。さらにマークの受け渡しのミスからロスタイムに逆転されている。

試合内容は岡山に圧倒されたわけではなく僅差なのだが、僅差にしないようにできなければいけない試合だった。

珍しい失点（第31節　1－1愛媛）

米国大統領選挙の開票が始まる。トランプ有利の報道だったが、一夜明けたらバイデン優勢になっていた。しばらくは結果が出ないみたいだ。初速でトランプが上回るのは戦前から予測されていて「レッド・ミラージュ」（赤い蜃気楼。共和党のカラーが赤だから）と呼ばれていた。

愛媛FC戦、6：4ぐらいで攻勢だったが決定機はそれほどなく、ドローは妥当な結果といえる。愛媛が後方からつないでくるので前からプレスしていて、けっこう高い位置で奪えていた。後半の攻撃も収穫。左SBに久々に下平匠が交代出場し、安田理大が右へ移ってから、この2人で組み立てていた。下平は左足のほうにボールを置く持ち方に安定感があり、そこからクサビのパスをスパッと入れられる。裏へのロブ、クロスと攻撃が多彩になっていた。安田は右利きなので右SBも問題なし。攻撃面だけで考えれば、この両サイドはいいと思った。

残念というか、びっくりしたのが愛媛の先制点。CKのクリアボールを安田がミドルシュート、これが愛媛DFに当たって跳ね返り、高橋壱晟がルーズボールを競りに行って入れ替わられた。ちょっとヘンなバウンドではあったが、高橋の対応が中途半端だったね。で、抜け出した有田光希の前方に遮る者なし。一気にドリブルで運んでGK新井章太との1対1を冷静に決めた。ここまでフリーで独走されるのも、なかなか珍しいシーンだった。漫画の「キャプテン翼」みたい。編隊組んで攻め上がるみたいな。

その後、下平と安田を経由する形でのいい攻撃が続く。ただ、あえていえば2人のボールを受ける位置が依然として低い。SBからSBへとU字型にパスが回っていて、前進に時間がかかっていた。それでも前でプレーしたときはチャンスを作れていて、安田のクロスから山下敬大がヘディングで決めて追いついた。最初の失点がなければという試合だった。

もう寝るわ（第32節　1－5山形）

下品な言い方で申し訳ないが、子供のころによく聞いたフレーズに「クソして寝ろ」というのがあった。これを親から言われた記憶はないが、友達同士ではよく使っていた。もういい加減寝なさいという意味なのだが、どうして大便までしなければいけないのかよくわからない。「寝ろ」だけだと、少し弱いので強調表現なのか。それとも気持ちを穏やかにして、ゆっくりクソでもして寝なさいということか。そんな親切なニュアンスはないか。

モンテディオ山形戦は衝撃の1－5、水戸戦も5失点だったがシーズンに二度は過去にないんじゃないかな。堅守を目指すチームが5失点では話にならん。

もう同じことなので、簡単にすませるとビルドアップができないのはやはり痛い。前川大河、末吉塁にキレがあってボールを奪えない。プレスがハマらない。北九州戦でも思ったが、若い選手はパスをつなぐテクニックはけっこうあるので、攻撃的なスタイルのほうが若手の力を生かしやすいんだろうね。

前半0－2で折り返し。2点リードされるとジェフにはできることがない。ロングボールも構えているところに蹴るだけなので跳ね返されるだけだった。最後に佐藤寿人が安田理大のクロスを至近距離で決める得点があったが、5失点はなんともかんとも。もう寝よう。

ベテランの貫録（第33節 3－2松本）

大統領選挙はバイデンの勝利がようやく確定。けっこうなお爺ちゃんなので、2期目はカマラ・ハリス副大統領に譲るのではあるまいか。米国はまだ女性の大統領がいない。

今季のヨーロッパはレアル・マドリーが大敗したり、バルセロナ、マンチェスター・シティ、ユベントスも苦戦中という波乱の展開になっている。オフが短かったせいなのか、よくわからないが他クラブにとってはチャンスのありそうなシーズンだ。

第33節は松本山雅とのアウェイ。点の取り合いになった。22分にセルジーニョのゴラッソが飛び出して松本が先制。しかし、千葉はセットプレー2つで逆転。堀米勇輝のFKをゲリアがヘディングで合わせて1－1、さらに堀米の直接FKが決まって2－1。

ところが、67分にセルジーニョのPKで追いつかれる。交代出場の川又堅碁の決勝ゴールはロスタイム前の90分、CKから2つの決定機の後の3本目でヘディングシュートが決まった。

2－1でリードした時点でそれ以上の失点を許さないのが目指すスタイルなのだろうが、ゲリアのPKをとられたハンドはやや不運もあった。

前節の1－5というショッキングな敗戦から中2日のアウェイ、リバウンド・メンタリティが問われる試合。メンバーはかなり変えてきた。日程的にもメンタル的にもダメージのない選手を使いたい状況なのは間違いない。

堀米勇輝はスタミナと守備面の問題はあるが、左足のキックは精度が高く、セットプレーが得点源になっているジェフにとってはかなり重要な選手である。右足の田口泰士、左足の堀米が並ぶとFK、CKのチャンスが増える。

リードしたので、松本にボールを持たせてじっくり守る流れに。工藤浩平がけっこう効いていた。パス回しが怪しくなってきたら介入して、上手くつないでいる。相手からつかまりにくいぎりぎりの場所に立ってパスを受け、ワンタッチで返す。「こんなんでいいんじゃないの」という雰囲気がベテランの貫録だった。

ブラジル弾二発（第34節 2-0新潟）

中国は「独身の日」というのがあるのね。インターネット通販会社は毎年、値引きセールをやっていて、今年は大手2社だけで12兆円の商いだそうだ。海外旅行に行けない人たちが爆買いに走っているのではないかとのこと。

中国は武漢が大変なことになっていたが、いち早く感染を克服したようで、映像などを見るかぎりは若干「浮かれている」気がしないでもない（笑）。話は全然違うが、中国と言えば頭が狭いところに挟まっちゃって動けなくなった子供の映像を定期的に見るのだが、あれはいったいどうしたわけなのだろうといつも気になる。

第34節アルビレックス新潟戦は2－0、堅守速攻を絵にかいたような勝利だった。FKからの混戦をアラン・ピニェイロが決めて先制、クレーベがカウンターから抜け出して追加点。後半は攻め込まれたが、試合の流れは完璧だった。

新潟は相性的には悪くない。新潟、やたらボールを下げてくれる。スペインの「デ・カラ（顔）」というやつで、「前向きの選手を使いましょう」ということなのだろうが、下げた後がとくになかったので助かった。

ジェフは典型的な4－4－2ブロックなので、新潟とすればビルドアップで3人つり出せば侵入しやすくなる。要は敵陣で7対7の同数に持っていけばよろしい。で、3枚回しで千葉のSHを引っ張り出せばいいわけだが、アラン・ピニェイロと堀米勇輝のSHがしっかり二度追いするので、はがしきれずに下げてしまうケースが多発していた。無理に縦パス入れてもジェフのほうが人数はいるので引っかかる。

クレーベ、だいぶ体が軽くなったかな。軽快。開幕時には守備がもっさりしていたが、けっこうプレスして奪えるようになった。アラン・ピニェイロも開幕当初は「戦力外かな」と思ったくらいだったが、意外にも守備が上手く、ポジションを外さない安定した守備ができるし、プレスへの移行もスムーズ。ブラジル弾二発で連勝した。

同じことの繰り返し（第35節 0－1長崎）

なんか、感染者がまたじわじわ増えてきた。第三波到来だ。緊急事態宣言はまだ出ないし、ＧｏＴｏすら止めていない。8月の第二波も緊急事態宣言した第一波より多かったのね。分科会の尾身会長は「皆さん、緊急事態にしたくないですよね？」と言っていたから、出す気がないんだろうな。専門家会議のころは科学者だけだったのが、分科会になって経済の人が入ってきた。それからコメントのキレがなくなった気がする。科学者は忖度いらないと思うけどね。

菅首相は「専門家はまだ止めないでいいと言っている」と、ＧｏＴｏ続行するみたいだが、感染者最多数を各地で更新しているのに何もしなければ増えるしかないよね？とりあえず自衛するしかないか。

プレーぶりは悪くなかったが、Ｖ・ファーレン長崎戦は0－1。現状でやれることをやったうえでの負けなので仕方ない。守備は機能していたが、やはり攻め手がない。ハイクロスだけでは厳しい。今季はシーズン中に進化を期待するのはやはり難しいようで、何かを指摘してもほぼ同じことの繰り返しになる。

クレーベ、2ゴール（第36節 2－1山口）

レノファ山口はビルドアップまではきれいだが、そこからの前進にあまり迫力がなく、「どさくさで1点ぐらいとれるんじゃないか」と思っていたら、本当にどさくさで2点とれた。クレーベが2ゴール、好調でなにより。終盤バタバタしたが、相手もバタバタしてくれた。

遠藤保仁（第37節 1－2磐田）

磐田はすっかり遠藤保仁のチームになっていた。1人の選手でこんなに変わるかと、少々驚く。遠藤が来る前はフベロ監督の下、パス回しは上手かったけど何となくカタイ感じがしていた。遠藤が入ると、規則性は薄れるけれども柔らかくなる。

立ち上がり、ジェフはよく守っていたが、しだいに攻め込まれるようになり20分に先制される。40分に2点目、どちらもきれいに崩されての失点だった。

後半から3人を代えて反撃に出て、49分にアラン・ピニェイロが1点を返す。いい流れになりそうだったのだが、磐田がボールをキープしてペースダウンをはかり、そのまま逃げ切られてしまった。

相手のボールを奪えないのが、根本的な敗因。ジェフの守り方だと、強みが出るのは引いている場合なので、先制しないとどうしても厳しい流れになってしまう。

89分にチャン・ミンギュを入れて4－3－3に変えていた。中盤中央を3枚にしてから、遠藤へのパスが入りにくくなっていた。もう少し早いタイミングでやってもよかったかもしれない。

最初の20分間は悪くなかった。磐田は遠藤を中心にパスをつなぐが、守備を崩すところまではいっていない。前半を0－0なら勝機はありそうだった。山下敬大と川又堅碁の高さに優位性があったので。

しかし、ゲリアを釣り出して右サイドを使われ、クロスボールを小川大貴がボレーシュート、先制点を許す。さらに40分には左の奥へ入られ、山本康裕のスルーが入って遠藤が左足でファーサイドへ決めて0－2。

ユン・ジョンファン監督は後半勝負のプランだった。2点先行されたのは誤算とはいえ、ずっとボールは持たれていて奪いどころも見つけられなかったので、とられても不思議ではなかった。

後半から川又→クレーベ、矢田旭→アラン・ピニェイロ、小島秀仁→熊谷アンドリューと交代。温存していた3人を投入して勝負をかける。熊谷が入って中盤の強度が増し、アラン・ピニェイロとクレーベがフィジカル的に圧力をかける。展開のテンポが上がり、ハイクロスを立て続けに打ち込む。49分、アラン・ピニェイロが縦パスを受けてさばき、ゴール前へ。見木友哉からのパスを受けて豪快にねじ込んだ。

これで勢いに乗るかと思われたが、磐田は自分たちのボールになると、じっくりとつないでペースダウン。ジェフは完全に気勢をそがれた格好だった。

磐田のパスワークはスローテンポ。しかし、奪うのが難しかった。〈ポジショニングとパスの丁寧さがあれば、このぐらいはつなげるよ〉と、遠藤に言われているような気がした。

89分にチャン・ミンギュをMFに入れ、アラン・ピニェイロ、クレーベ、船山貴之の3トップに。磐田のMF中央と噛み合う形になり、スローテンポのパスワークを封じられるようになったが、もう時間が足りない。これ、もう少し早くやっていれば、あそこまでパスを回されることはなかったかもしれない。アイデアはよかっただけに、タイミングが残念。

ミドルプレス、ロープレスの守備は安定してきたが、ハイプレスで奪えないのは相変わらず。ハイプレスで奪えるようにする、得点チャンスをもっと作れるようにする、この2つが望まれるわけだが、現在のスタイルだと先制されないほうが大事だろう。2点もとられたことのほうが大きな問題。

12

2020 DECEMBER

最高でも最低でもない1年

まずいんじゃないの？（第38節　1－1東京ヴェルディ）

2020年の流行語大賞は「三密」。そんなに流行ったか？　浸透はしていたけれども流行語なのかな、これ。他には「アベノマスク」「GoToキャンペーン」「鬼滅の刃」「愛の不時着」など。

東京都は65歳以上のGoTo利用自粛要請。GoToて、割引だよね。しかも65歳以上で、しかも自粛要請。これじゃあ、感染拡大にはほぼ効果ないだろ。やってるフリみたいなものか。

69分に藤田譲瑠チマのゴールで東京Vが先制。83分にクレーベが為田大貴のクロスに飛び込んで同点に。田口泰士のパスを追った為田が爆走、相手2人を追い抜いてのラストパスはこの試合のハイライトだった。

クレーベのゴールはクレーベが入れたのか、オウンゴールなのか、相手が触れたボールがクレーベに当たったのか、はたまたクレーベのシュートがDFに当たったのか、よくわからなかったが、魂のこもったゴールだった。

ジェフは新型コロナウイルスの陽性2人、濃厚接触者6人が出ていた。8人を外しての試合なので、先発メンバーもこれまでと少し変わっている。

もっぱら守備、ときおり攻めるが仕掛けが遅くて進路を塞がれてしまい、やり直しが多くなっていた。69分、東京Vの佐藤優平がシュートモーションからのパス、ボックス内で受けた井上潮音が藤田に渡してきれいなゴールが決まる。

これで目が覚めたようにジェフは反撃開始、為田の運動会のヒーローのようなランニングからクレーベが決めて同点に追いついた。

セレッソ大阪のミゲル・アンヘル・ロティーナ監督は「良い守備をするのと、守備的なサッカーとは同じではない」と言っている。まあ、C大阪なら「守備的ではない」と言えそうだが、ジェフの場合は現状で守備的である。

守備的なサッカーは人気がないイメージだが、必ずしもそうではない。

アトレティコ・マドリーはディエゴ・シメオネ監督になってから3年間ぐらいは守備的だったけれども人気はうなぎ登りだった。アーセン・ベンゲル監督が就任する前のアーセナルも「退屈なアーセナル」と呼ばれていた守備的なチームだったが、それでもロンドンの老舗クラブということもあって人気は高かった。

守備的か攻撃的かなんて、実はファンにはあまり関係がないのだと思う。それで勝てるかどうかだけと言ったら言い過ぎかもしれないが、勝率がよければ守備的で退屈な試合にも慣れてくるのだ。サッカーはボールをプレーするのが楽しいので、攻撃したほうが選手もファンも楽しみが多いのは間違いないが、同時にゲームでもある。守備的でもそれでゲームに勝つ合理性が見えれば、ファンは「ゲームに勝つためのプレー」を見るという楽しみ方があるわけだ。

昔、カテナチオと呼ばれたころのイタリアのサッカーなんて、はっきり言って見どころはそんなになかった。ただ、ファンはイタリアが勝つのを見に来るのであって、素晴らしいボールコントロールやパスワークもあったほうが当然いいけれども、それ以上にどうやって勝つかに集中していたのではないか。

このゲームとしてのサッカーを見るという見方は、わりと簡単に勝利至上主義に結びつきやすい。

攻撃的でも守備的でも負けるときは負けるわけで、それも受け入れるのがスポーツなのだが、守備的なサッカーはいかんせん気を抜いてしまうとものすごく退屈なので、負けてしまうと何にもない感じがしてしまう。そもそも勝つための選択として守備的にプレーしているので、それで勝てないとストレスが溜まる。攻撃的でも勝てないのはストレスではあるが、守備的なほうが負けを受け入れにくくなる。

何が言いたいのかというと、チームとしてはやっぱりファンを退屈させちゃいけないのだと思う。攻撃的にやれという意味ではない。守備的にやるなら、守備で感動させればいいのだ。アイスランド代表やアイルランド代表なんか、ただ走っているだけでファンを感動させている。文化的な背景もあるので一概には言えないところはあるが、一丸となって全集中で（笑）プレーしている姿はシンプルに感動を呼ぶ。

守備的なら守備的でいいので、いかにファンを魅了するかというところはクラブをあげて考えていったほうがいい気がする。やっぱり、ふと我に返ると退屈な思いをさせがちなスタイルなので、余計にそこは気を遣わないとまずいんじゃないのと、この試合を見ていて感じた。

ウノゼロ（第39節 1-0甲府）

欧州各地で「モノスリ」が出現。製作者も意図も不明だという。モノスリは映画「2001年宇宙の旅」に出てくる石柱のこと。一時期流行った「ミステリー・サークル」みたいなものか。ミステリー・サークルは後に誰でも簡単に作れるとネタバレされていた。シンプルな脱穀機みたいのでサークルを作る映像を見て「なんだ、これか」と笑った覚えがある。今回のモノスリはバンクシーの絵みたいなものなのだろうか。

第39節のヴァンフォーレ甲府戦は1-0、安定の「ウノゼロ」だった。

ジェフは新たに感染者1人を出し、なかなか十分な準備もできない中、守備は最後まで集中していた。得点は船山貴之のCKがそのままゴールインという、ややラッキーなものとはいえ、決定機も何度か作れていて、最後に5バックにしての逃げ切りも上手くいった。

随所に体を張ったプレーを見せてくれたクレーべをはじめ、気迫のこもったプレーがいくつもあり、今季のテーマである「守り勝つ」形にはなっていた。

18分、クレーベの体を張ったパスから攻め込み、ロストした後も下平匠とアラン・ピニェイロが素早くプレスして奪い返し、船山のシュートまで持っていったプレーは気持ちの入ったプレーが連続、きれいな攻撃ではないが迫力があった。クレーベが闘志あふれるフィジカルコンタクトでボールを奪う、バイタルエリアをついた甲府の縦パスに3人が寄せて奪いきる場面など、守備で見せ場も作っていた。

40分、堀米の右からのクロスにアラン・ピニェイロが少し戻りながらバイシクル気味のジャンプボレーが炸裂。GKの手を弾いてバーに当たるが入っていたらゴラッソだった。

後半に入って56分、左CKを船山がニアへ蹴る。増嶋竜也と鳥海晃司がヘディングで合わせに行くがボールには触れず、ボールはそのままファーサイドへ流れ、新井一耀と競った武田に当たってゴールイン。当たらなくても入っていたということで船山のゴールとなった。得点はややラッキーとはいえ、セットプレーでの強さが生んだゴールである。

甲府は3バックの左で先発のメンデスをトップに上げてハイクロスを使ってきて、この60分あたりから攻勢になる。ジェフは77分に3人を交代、5－4－1に変える。右はアラン・ピニェイロと米倉恒貴、左は為田大貴と下平をペアにしてクロスボールを抑えた。上がってきても岡野洵、新井一耀、増嶋の3枚で跳ね返す。

為田がドリブルでファウルを誘発し、クレーベに交代した川又堅碁も上手く時間を使っていく。そのまま逃げ切って1－0の勝利。ホームで勝つのはやっぱりいいね。

ようやくの安定（第40節 0－0徳島）

豊洲市場で160人の感染者が出る。ところが東京都は「感染経路不明」としてクラスター認定していないという。クラスターというからわかりにくいが、「集団感染」なのは間違いないわけだ。要は、経路が追えないのでクラスター扱いにしないという意味で、諦めたということなのかな？　北海道旭川市に自衛隊派遣。コロナもついに「災害」になった。

優勝と昇格がかかっていた徳島ヴォルティスは若干硬かったかな。ジェフはJ2最強チームに対してよく戦ったと思う。ほとんど決定機も作らせず、空中戦の優位も生かしながら、順位の差をそれほど感じさせない試合になってた。やっぱり徳島とは相性もいいんだろう。

徳島はちょっとやりにくそうだった。後方でつないでも2トップのクレーベ、船山貴之が全然食いついてこない。ハーフウェイラインまでは楽々とつなげるけれども、そこからの攻め手を探している感じ。ジェフと対戦する相手は、だいたいこういう感じで15分間くらいは消費する。

21分、中間ポジションの西谷和希に縦パスが入ってシュートするが枠外。24分にはCKから増嶋竜也がヘディングで狙うがこちらも枠外。ポゼッションしながらバイタルエリアへのパスを狙う徳島、セットプレーから空中戦のジェフと双方の攻め手がそのまま出ていた。

後半から徳島はビルドアップを少し変える。それまで主に横関係だったボランチが縦にポジションをとるようになった。これで船山とクレーベの間を通して1つ前へ縦パスを入れ、ボランチを動かそうという狙い。

前半はCBの横に1人が下りていたが、ジェフが全く食いついてこないので、後方で形状変化する意味がなかった。1人下げることで前の選手が減るので得策ではない。そこでビルドアップのやり方を微修正したわけだ。

57分、堀米勇輝を為田大貴に交代。このあたりから攻め込む流れになる。65分には左サイドのパスワークから下平匠がハイクロスを送り、クレーベが頭で落として船山がシュート。横に外れたが、いい形のフィニッシュ。

79分にはアラン・ピニェイロ→山下敬大、増嶋→米倉恒貴の2人を交代。山下は右のサイドハーフだった。これまではFW起用だったが、これはアリかもしれない。山下は運動量もあり、キープとヘディングの強さもある。攻撃面ではアラン・ピニェイロと似たタイプのSHということになるわけだ。

86分、下平のクロスがクレーベを越えて、山下がヘディングシュート。枠はとらえられなかったけれども、山下の特徴は出ていた。千葉の攻撃は左からが多いので、右サイドに山下のようなフィニッシャーがいるのはいいんじゃないか。

0－0で終了、徳島をゼロに抑えた守備はかなり安定してきました。あとは攻撃、まあ来季の課題になっちゃったけどね。

いやー（第41節 0－1栃木）

GoToが停止、しかもいきなりの全国。後手もいいところだな。そして菅首相など8人が「ステーキ会食」のニュースが。これまでさんざん「マスク会食」だの「5人以下」だの言っておいてこのザマか。これはもう無理だな、年明けがどうなっているか恐いね。え？ GoTo止まるのは28日なのか。いやー。

来ました、苦手の栃木戦。そしてやっぱり結果は0－1の負け。わりと似たチームなのだが、少しの違いのところが相性の悪さにつながっている。

新しいカンセキスタジアムでキックオフ、気温はどんどん下がり氷点下の勢い。ジェフは前節から先発を7人変更、鳥海晃司がキャプテンマークを巻く。今季、最も成長した選手の1人だろう。ジェフの将来を担ってほしい。

栃木はジェフと同じ4－4－2または4－2－3－1だが、違うのはとにかく前からプレッシャーをかけてくること。攻撃はトップへのロングボールを多用、クロスボールも多用。こちらは似ているところ。

ジェフは攻撃で栃木よりひと手間かけている。引き込む守備なのでボール奪取地点も低くなり、栃木がプレスしてくるのでパスでいなしてからタテポン、またはGK新井章太へ下げてのタテポンになる。一方、栃木は千葉がハイプレスしてこないので即タテポン。千葉のほうがひと手間多い。

上手くプレスを外してしまえば、栃木のディフェンスラインが高いのでチャンスになりやすいが、千葉のSBの受ける位置が例によって低いので、そのままプレスされて蹴る余裕がなくなる。あと、栃木のCBが高くてタフなので、ロングボールやクロスボールがいつもほど効き目ない。

栃木はとにかく矢野めがけて蹴ってくる。ジェフがブロック作っても上を通過していくので関係なし。これもやりにくいというか、守りがいがないというか。栃木は球際もやたら激しい。この相手にはビルドアップのところで上回らないと、苦手は克服できそうもない。栃木は明本が球際の強さ、左足の鋭いフィード、走力でアグレッシブなプレーぶり。彼は個人昇格ですかね。あと、田代と柳のCBコンビは強烈。戦い方はちょっと前の典型的なJ2という感じも、選手の特徴に合っているんじゃないかな。

ラストゲーム（第42節 2-1北九州）

医師会が「真剣勝負の3週間」と言っていた。叫んでいた、という感じ。政府の「勝負の3週間」が全くの空振りだったのをディスっているな。ウイルスの変異株が英国から報告が出ていて、相当状況が悪いのだろう。

2020年のJ2も最終節、ホームにギラヴァンツ北九州を迎えた。

まあ、よく全部消化できたと思う。順位は14位、思ったより失点が多くなったのは誤算。終盤は安定してきたけれども、来季はあと2段くらいステップしないと順位は上がらないだろう。佐藤寿人、増嶋竜也、田坂祐介の3人は今季かぎりで引退とのこと。おつかれさまでした。

北九州はやっぱりシュートがいい。前半7本中6本が枠をとらえていた。そのうちの

1つがゴールインして24分に先制。こぼれ球を拾った鈴木国友が豪快なミドル。ジェフの入り方はそんなに悪くなかった。堀米勇輝がアウトサイドで裏へ流して、クレーベのプルバックを船山貴之がつないで高橋壱晟がシュートを放った攻撃は上手く流れていた。18分にはバックパスをカットした船山がGKをかわしてシュートも、ゴールカバーのDFにクリアされる。

その後に先制されたわけだが、34分にはアラン・ピニェイロのシュートで同点に追いついた。相手のラストパスを高橋がカットして船山へ。これでカウンターが発動、船山から左サイドのアランへつなぎ、クレーベと船山が中央へ入って行く。これでアランが1対1となる状況が生まれ、カットインから落ち着いてファーサイドへ打ち込んだ。

52分、またもカウンター炸裂。また高橋の守備から堀米へつなぎ、堀米が右からカットインしてファーサイドにいた船山へパス。ボックス内で受けた船山がファーサイドへ狙いすましたシュートを放つもポストに当たる。しかし、こぼれたところを高橋が左足のきれいなダイレクトシュートで決めた。北九州はカウンターを食らったときの3バック対応が厳しかったね。2点ともシンプルに人数不足だった。

東京はついに1日の感染者が900人を超えて4桁も目前。コロナ変異株による感染が日本でも見つかった。ワクチンは効くみたいなのはいいとして、感染力がかなり強いらしく、年末年始に人の動きが抑えられても感染者が減らない可能性もありそうだ。結局、コロナに明け暮れる1年だった。

来季へ向けての新加入、退団が続々発表されていく。驚いたのは山下敬大と鳥海晃司の移籍だ。山下は2020年に加入したばかりだったが、J1のサガン鳥栖へ移籍が決まった。間違いなく来季の軸になると思っていたのに。鳥海は為田大貴とともにセレッソ大阪へ移籍決定。鳥海の移籍は意外だったが、それで最終節のときに泣いていたのか。まだ来季の陣容ははっきりしない。ただ、ユン・ジョンファン監督になってプレースタイルが大幅に変わった中で、構想に合わない選手が含まれていたのは確か。堅守型のサッカーをやるのに、それに合わない選手がけっこういたわけで、そこがブレーキになっていた感は否めない。戦術的にブレが大きすぎるジェフの弊害が出ていたといえる。来季はそれなりに戦術に合った編成にはなるはずなので、本当の勝負は来季ということになるのだろう。

最高でも最低でもない1年だったが、年が明けて新体制が発表されるころには、また
すべてがリセットされる。そして、また性懲りもなく期待してしまうのだろう。

おわりに　システムを超えて生きるということ

２０２０年11月25日、ディエゴ・マラドーナが亡くなりました。

遺体はアルゼンチン大統領府に置かれ、数十万人が弔問に訪れたそうです。あまりに数が多く、一部が暴徒化したことで弔問は中止されましたが、アルゼンチンの人々にとってマラドーナは好き嫌いにかかわらず、それだけ無視できない存在だったのでしょう。

マラドーナの凄さは「技術」にありました。

そんなこと当たり前だと思われるでしょうけど、たんに上手い選手を超え、サッカーのスーパースターという存在も超えていました。そのカギが「技術」だったと思うのです。

マラドーナの技術は「アート」でした。役に立つ「スキル」ではなく、全人格と生き方の反映としての「テクニック」も超えて、それを目にした人々に意味不明なほどの感動を与えられる技術です。

マラドーナは反逆児と呼ばれていました。実際、アウトローな人だったと思います。アウトローですから法の外にいる人です。一般的に人は法の中で暮らしています。法律だけでなく、常識、風習、慣例、道徳というものも含めたシステムの中で生きています。このシステムは一度構築されると、システム自身の強化のために動き出す性質があり、システムはより強固に、より広く、我々の社会を覆いつくします。

システムという強固な檻が出来上がると、そこから外へ出るのは容易ではなくなります。

例えば、昔のサッカー選手はけっこう自由でした。チームとしての活動中は真剣にトレーニングし、決まったものを決まった時間に食べ、監督のオーダーや戦術に従うなど、チームというシステムに応じた行動が求められたのは現在と同じでも、いったんクラブハウスを出てしまえば自由でした。朝まで酒を飲む、夜通し遊びまわるスター選手は珍しくありませんでした。しかし、今ではそんな選手は極めて珍しいはずです。所属するチームの外にあるシステムにも適応しなければならなくなったからです。現在のスーパースターのプライベートは、広大な自宅の一室にしかないのかもしれません。それだけシステムが何重にも張り巡らされている。それは我々も同じです。会社という限られたシステムから出ても、また別のシステムが待っているのです。

システムに適応しないと生きられない。そのための「スキル」が必要です。地下鉄の改札口を通過するようなことから、ずっと複雑で高度なものまで、私たちには技術が求められています。ただ、この手の技術がいくら優れていても、いやむしろ上達すればするほど人間性から乖離していくという問題を抱えます。システムに迎合する技術が高いほど、システムの外には出られないので、人間性を取り戻すのは難しいです。

アウトローはシステムの外に出て、システムが命じてくる法を無視する人々です。彼らが従うのは自分の法で、そこには人としての美学があります。たとえ社会と対立することになっても、自らの全人格を賭けて自分の法を優先します。ただ、それを成立させるには「テクニック」が必要になります。

サッカーでも「違いを作れる選手」がいます。多くは「テクニック」のある選手です。チームとして用意した戦術とは少しずれたところで何かをする選手です。戦術に迎合せず、自分の判断と勘に従ってプレーする。サッカーの戦術というシステムはけっこうザルなので、圧倒的な個性をともなったテクニックに助けられることが多いわけですね。彼らはいわばフィールド上のアウトローです。勝つための計算を超えて、自分のやりたいようにやって結果を叩き出す。そのための「テクニック」があれば、システムの外に出られます。

マラドーナのスキルは完璧でした。本当にピタリとボールを止め、瞬時にピタリとパスを出せた。チームプレーヤーとして満点のプレーができました。ただそれだけでなく、誰にも真似できない特異なテクニシャンとして例外的な存在でした。誰にも制御されない、システムの外に出た自由な選手です。

さらに、そのテクニックが途方もなくエロかった。

試合に勝つために役に立つとかそういう次元でないエロさです。それは「アート」の領域であり、鑑賞した人に何らかの啓示を与えるほどの、もはやサッカーというゲームから独立した芸術でした。まさに、システムという檻をぶち破った英雄だったわけです。よく比較されたペレは、「アート」のエロさでマラドーナと双璧でした。マラドーナと比べると「スキル」がけっこう雑な感じですが、エロスはマラドーナ以上かもしれません。ただ、フィールド以外のペレは反逆児ではなかった。あんなエロエロなアーティストが実社会でわりと普通に生きているのは不思議なくらいです（笑）。

サッカーのシステムから自由だったマラドーナは、実社会でも自由でした。自分の法に従って言いたいことを言い、したいことをした。正しいことも間違ったこともありましたが、極めて人間的だったと思います。マラドーナを好きでも嫌いでも、人々が檻の中から飛び回っている鳥を見ていたことに変わりなく、だから無視できないのではないでしょうか。

本文中に記すべき事柄だったかもしれませんが、ちょっと長くなりそうだったのであえて「あとがき」に記しました。

2021年1月　西部謙司

西部謙司

KENJI NISHIBE

1962年9月27日生まれ、東京都出身。サッカー不毛の地、台東区で幼少期を過ごし、現在は千葉県在住。早稲田大学教育学部卒業後、会社員を経て、学研『ストライカー』の編集部勤務。95～98年にフランスのパリに住み、欧州サッカーを取材。02年にフリーランスとなる。ジェフ千葉のファンを自認し、2008年からスポーツナビにて連載「犬の生活」（現在はWEBマガジン『タグマ！』で連載中）をスタート。『サッカーダイジェスト』『フットボール批評』『フットボリスタ』などの雑誌に寄稿。『1974フットボールオデッセイ』（双葉社）、『サッカー戦術クロニクル』シリーズ（カンゼン）、『戦術リストランテ』シリーズ（ソル・メディア）など著書多数。2020年よりタグマ！にて「西部謙司 フットボール・ラボ」の配信を新たに始める。

犬の生活 Jリーグ日記

ジェフ千葉のある日常《シーズン》

2021年2月20日　初版第1刷発行

著　者　西部謙司

発行者　澤井聖一

発行所　株式会社エクスナレッジ
〒106-0032 東京都港区六本木7-2-26
https://www.xknowledge.co.jp
問合先　編集　TEL.03-3403-6796　FAX.03-3403-0582
info@xknowledge.co.jp
販売　TEL.03-3403-1321　FAX.03-3403-1829